Les bios (très) interdites

VINCENT DEDIENNE

Les bios (très) interdites

DOCUMENT

J'AI LU

À Marie-Jeanne et Louis-François Dedienne
Et à Muriel Robin et François Rollin,
Mes parents.
À l'enfant que j'étais, et que je suis encore souvent.
À Laurent Bon.
Et à Laurence Boccolini, qui m'a appris
la gentillesse à la télévision.

Tu la voyais pas comme ça ta vie,
Pas d'attaché-case quand t'étais p'tit,
Ton corps enfermé, costume crétin,
T'imaginais pas, j'sais bien.
Moi aussi j'en ai rêvé des rêves. Tant pis.
Tu la voyais grande et c'est une toute petite vie.

Alain SOUCHON,
Le Bagad de Lann-Bihoué

Mais Dieu que c'est dommage,
vous avez grandi.
Vous n'êtes plus sauvage que le samedi.

Anne SYLVESTRE,
Les Amis d'autrefois

Merci

À Juliette Chaigneau, Mélanie Le Moine et Anaïs Harté, mes sœurs et coauteurs,

À Sissou,

À Sophie Hazebroucq et Laurent Ruquier,

À toute l'équipe du *Supplément*,

Et au logiciel Word, sans qui ce livre n'existerait pas.

Ce livre a été écrit en collaboration avec trois amies comédiennes. Afin de mieux vous les présenter, j'ai demandé à chacune d'écrire une petite autobio interdite.

Juliette Chaigneau

Juliette Chaigneau est née un jour de la semaine, en plein mois de l'année. À 8 ans elle déclare : « Plus tard je veux être chômeuse professionnelle pour pouvoir aller au cirque » et réalise en effet son rêve d'enfant en devenant Intermittente du spectacle. Elle joue beaucoup, parfois sur des planches et parfois au Pictionnary. Elle connaît sa date de mort mais préfère ne pas la divulguer avant le jour J.

Anaïs Harté

Anaïs Harté naît le même jour que deux yeux de chat qu'après quelques hésitations elle décide de placer sur son visage plutôt que sur son abdomen. Quelques mois plus tard, en se hissant sur ses pieds, elle invente le déplacement bipède, puis parvient à former des sons avec sa bouche pour notamment communiquer avec ses géniteurs.

Mais ce n'est qu'en 2012 qu'elle décide de conjuguer ses talents de bipédie et de parolat à l'occasion de sa rencontre avec celles et ceux qu'elle aime à appeler « sa famille de cœur et de culs » : Juliette Chaigneau, Vincent Dedienne, Mélanie Le Moine et Jean-Pierre Papin.

Mélanie Le Moine

Née à Lille de parents marseillais, Mélanie est assez vite dotée d'un goût certain (mais peu sûr) pour le paradoxe, l'ironie et la bouillabaisse. C'est donc tout naturellement qu'elle choisira des études de mathématiques appliquées pour devenir comédienne. Un soir de 2008, l'Amérique s'apprête à élire Barack Obama, et Mélanie s'apprête à embarquer pour le vol 7632 à destination de Liverpool avec à son bord Thierry Ardisson et Vincent Dedienne. Après une sale période de turbulence, une amitié basée sur la peur de l'avion naîtra avec l'un de ces deux individus.

Prologue

Je n'avais jamais rêvé de télévision. Et déjà je mens ! (Je préfère vous prévenir, ce livre est truffé de mensonges… In libro pas veritas du tout !)

Dans ma chambre d'enfant, je jouais au *Maillon Faible*, à *Fort Boyard* et à être l'invité d'honneur de Michel Drucker. Parfois même, je m'imaginais que j'étais le seul candidat d'une télé-réalité bien triste et je me nominais moi-même.

Mais jamais je n'aurais pensé travailler à la télévision, être « dans le poste ».

Quand on m'a proposé de venir faire le mariole le dimanche midi sur Canal +, j'ai pourtant accepté très vite, et quasiment sans peur. Il m'a semblé qu'auprès de Maïtena, dans les jupes (et les jolies chaussures !) d'une fille si chic et si douée, il ne pourrait rien m'arriver de mal. C'était vrai.

Je ne connaissais rien au monde de la Télévision, j'en avais – comme tout le monde – des images plutôt effroyables. J'imaginais que c'était un univers impitoyable où des demi-fous surcocaïnés couraient après la gloire et le pognon d'un bout à l'autre de couloirs qui ne diffèrent des couloirs d'asiles que par l'absence d'infirmiers.

Je me trompais. C'est peut-être comme ça quelque part, mais dans les couloirs du *Supplément*, je n'ai croisé que des gens doux, cultivés, drôles, avec lesquels je pouvais parler d'amour et de théâtre, et qui avaient à cœur de me faire grandir, et de ne pas m'abîmer. J'ai eu beaucoup de chance.

Tant mieux, parce que c'est en aimant que l'on travaille le mieux.

C'est parce que j'aimais les gens avec lesquels je travaillais que, semaine après semaine, j'ai eu à cœur d'essayer de les épater…

Ce fut un sacré exercice, périlleux parfois, vertigineux toujours, amusant, difficile et grisant, que de faire ces petites bios interdites une fois par semaine.

C'était rigolo de plonger la tête la première et le nez farceur dans les vies de ces femmes et de ces hommes, politiques pour la plupart. De les voir se débattre avec le pouvoir, le temps, la popularité ou l'oubli.

C'était amusant de voir en vrai leurs masques médiatiques, si parfaitement élaborés et de chercher à les fendiller, pour que le temps d'un rire, d'une lèvre qui se crispe ou d'un sourcil froncé, passe quelque chose. Quelque chose de l'ordre de l'humanité.

Si j'avais une leçon à tirer de tout cela, c'est que c'est bel et bien une drôle de chose que de vivre. Que l'on soit ministre, styliste, grand chef étoilé, petit roi sans gloire, homme, femme, ancien homme devenu femme, que l'on ait trop d'argent ou plus assez de cheveux, que l'on soit très connu ou un peu moins, que l'on soit altruiste ou misanthrope, enflure ou chic type, que l'on soit resté en France ou que l'on ait traîné ses semelles aux quatre coins du Monde, c'est une drôle de chose à la fin que de vivre, et chacun s'y débrouille comme il peut.

Loin d'aiguiser ma misanthropie, ces deux années sur Canal + m'ont rendu un peu plus gourmand et amoureux des Hommes.

Je n'ai jamais réussi à comprendre que j'étais regardé par beaucoup de gens, je n'avais en tête que le public sur le plateau et les gens autour de la table. Vous, derrière vos écrans, à Dax, Le Chambon-Feugerolles, ou Saint-Denis de La Réunion, je n'ai jamais réussi à envisager que vous puissiez être en train de me regarder, à la table du repas dominical, sur le canapé avant la sieste ou en replay le lundi matin au bureau.

C'est en faisant ce livre aujourd'hui, et en réécrivant un peu ces bios interdites que je pense à vous. Et que je vous remercie d'avoir changé ma vie.

Bonne lecture, je vous embrasse.

Vincent

P.-S. : Les bios sont regroupées ici par ordre chronologique. Je pense que j'ai beaucoup progressé en deux ans d'écriture, alors je vous conseille de picorer ces bios dans le désordre. Je vous conseille aussi les cookies de Michel et Augustin mais ça n'a aucun rapport.

14 septembre 2014

Najat Vallaud-Belkacem, ministre de l'Éducation nationale

Confidence de l'auteur : C'était la toute première ! J'avais mis ma chemise porte-bonheur, j'avais coupé mes cheveux, j'étais encore bronzé de l'été corse…

Je n'ai jamais autant transpiré dans le dos de toute ma vie. Pendant que je déroulais mon texte, je sentais les gouttes – que dis-je, les hectolitres – de sueur se déverser jusque dans mes fesses, je sentais mon front briller de plus en plus et je pensais : « Mince, les maquilleuses vont se faire disputer »…

Encore aujourd'hui je ne parviens pas à regarder la vidéo. Avant même d'appuyer sur Play, je recommence à ruisseler.

Quand j'y repense, cela ressemblait à un saut à l'élastique. Avec un élastique à la bonne taille, une sécurité optimale, une jolie vue sur les gorges du Verdon et un saut de l'ange réussi. J'ai très peu de souvenirs de ce moment-là, l'adrénaline me les a légèrement volés. J'en ai davantage de la diffusion, deux jours plus tard, le dimanche. J'avais réuni mes amis proches, acheté du champagne et nous avons fêté cela très joyeusement… C'est ce jour-là que ma vie a changé, un peu. Et que j'ai commencé à aimer les dimanches.

Chers téléspectateurs, chères téléspectatrices, soyez les bienvenus. Enfin, sois-je le bienvenu ! Je me souhaite la bienvenue chez vous. Je suis un peu tendu, c'est la première fois que je rencontre un million de personnes d'un seul coup, ça fait drôle. Je m'appelle Vincent Dedienne, j'ai vingt-sept ans, j'ai mis cette chemise, mais je me changerai toutes les semaines. En revanche, j'ai cette tronche un peu mal repassée et ça faudra vous y faire parce que j'ai pas tellement les moyens d'en changer. Je suis donc le p'tit bonhomme en charge de cette nouvelle rubrique qui s'appelle « La bio interdite » mais qui a failli s'appeler « Biopic » puis « Biopic nique », puis « Pique nique Bio », mais enfin là on s'éloignait complètement de la politique. J'avais aussi pensé à « Trois Groodt », et même à « Moi Vincent D, 13 ans, drogué, prostitué », mais là ça ne convenait pas du tout. Finalement c'est « La bio interdite », ça fait frémir, et cette semaine, c'est la vôtre, Najat.

Najat Vallaud-Belkacem, en réalité vous vous appelez Najat Vallaud-Belkacem et peut-être l'ignorez-vous mais si l'on bouleverse l'ordre des lettres de votre nom on obtient le stupéfiant anagramme suivant : AJANT UVALDAL CLAM BEKE. C'est stupéfiant. AJANT UVALDAL CLAM BEKE, une anagramme assez révélatrice, qui nous révèle clairement… qu'il ne révèle rien.

Najat Vallaud-Belkacem, c'est votre vrai nom. Les pseudonymes que l'on croise çà et là : Claudine

Dupont, la Khmer Rose, l'Ayatollah, ou même La Provocation... ne sont pas – vous me dites si je me trompe – des pseudonymes officiels. Ce sont simplement « des petits noms sympas » destinés à manifester toute l'affection qu'une certaine presse et qu'un certain électorat vous portent.

Vous êtes née le 4 octobre 1977 au Maroc, à Amiens. Vous grandissez, vous grandissez, un an, deux ans, trois ans, bon je passe un peu ces années-là, parce que sur le plan politique, vous êtes absente ! Et sur le plan privé, c'est pas palpitant non plus : une bronchite en CM2, un petit eczéma, une première cuite, quelques diplômes, une baston...

Plus tard, vous échouez au concours de l'ENA ! Deux fois de suite. Alors que c'est quand même pas bien sorcier. Deux échecs que François Hollande qualifie d'ailleurs, en off, de « craignos ».

Vous échouez au concours de l'ENA, mais Vallot de consolation, vous y rencontrez votre époux, Boris, un prénom qui malheureusement le tient éloigné d'une carrière politique de premier plan mais qui le rapproche des soirées disco. C'est déjà ça. Il a le rythme dans la peau, Boris, alors que vous l'avez dans le scolaire.

Ensemble, vous avez deux jumeaux, qui respectent scrupuleusement la parité puisque l'un est un garçon-fille tandis que l'autre est une fille-garçon. Ensemble ils aiment bien jouer à la poupée mécanicienne, à Gi Josiane, ou même à *(en chantonnant)* « Hermaphrodite, princesse des fées cowboy ! »

Najat on vous connaît mieux depuis 2007, date à laquelle vous commencez à porter des paroles. Là, ce sont les années un peu mystérieuses de NVB, on vous voit déambuler comme une somnambule dans les arcanes du pouvoir, des dossiers plein les bras, d'un bout à l'autre des palais. Quand on vous demande ce que vous faites, vous répondez, énigmatique : « Je porte la parole…

— Ah bon ? Mais où ?

— À droite à gauche.

— Ah d'accord. Mais là il est 3 heures du mat !

— Oui, ben pousse-toi, c'est lourd. »

Le 26 août dernier, vous fûtes (oui, « vous fûtes », verbe irrégulier : fites-fates-fûtes) vous fûtes nommée première femme ministre de l'Éducation nationale, la classe (c'est le cas de le dire). L'Éducation nationale, c'est bien, et puis c'est moins fourre-tout que ministre des Droits des femmes, de la Ville, de la Jeunesse, des Sports, du Banjo, de la Tisane et des Petits Champignons de Paris.

Najat, je ne vais pas vous mentir, la suite je ne la connais pas. D'aucuns vous prédisent une grande carrière politique, moi je ne lis pas l'avenir, ni le marc de café, ni Marc Levy, mais si j'en crois l'anagramme de « ministre de l'Éducation nationale » *(Panneau marqué : « Solitude et détermination canine »)*, moi dans deux ans je vous vois bien punk à chien ! Et je crois beaucoup aux anagrammes ! Courage Najat !

28 septembre 2014

Christian Estrosi, homme politique français et ancien champion de moto

Maïteniens, Maïteniennes, figurez-vous qu'au début j'ai cru que la Mère Denis faisait un grand come-back en politique, je trouvais ça chouette, et puis finalement j'ai compris que c'était Christian Estrosi, maire de Nice !

J'ai donc accusé une petite déception et je m'en suis remis.

Alors Christian Estrosi, je me suis penché un peu sur votre vie… J'aurais jamais pensé faire ça un jour ! Et la première chose que je me suis dite c'est : « Dis donc, c'est le bazar ta *life*, Christian » et la deuxième c'est : « Tu vas vraiment dire ta life à Estrosi ! ? »

Sérieusement, il y a beaucoup de choses dans votre biographie, Christian, c'est mal rangé, y en a de partout, on comprend rien : il y a de la politique, de la moto, du golf, Brad Pitt, des mandats en veux-tu en voilà : et vas-y que je te démissionne à midi, et que je me fais réélire à l'heure de l'apéro : « Tiens, quelle heure il est ? Oui j'ai le temps, remets-moi deux-trois circonscriptions. Et des p'tites olives ! » C'est simple, on dirait que vous êtes le seul homme politique de tout le bassin méditerranéen, c'est pas normal.

Même l'élection de Miss Côte d'Azur vous l'avez remportée haut la main ! Grâce au deuxième passage en bikini – qui était très réussi faut reconnaître –, mais c'est pas normal !

Alors si vous le voulez bien, pour s'en dépatouiller on va faire ce qu'on fait généralement pour les appareils génitaux dans les livres de SVT, à savoir : une vue en coupe.

Dans un premier temps on regardera Christian, et ensuite on s'attaquera à Strosi (« s'attaquer à », c'est une formule, n'appelez pas tout de suite votre avocat).

Christian, c'est le petit garçon qui naît à Nice en 1955, fils d'immigrés italiens, de ceux-là dont on disait qu'ils venaient manger le pan bagnat des Français.

Cri-Cri, c'est l'ado rebelle qui préfère passer son permis moto plutôt que son bac, c'est le jeune homme qui portait des culottes, des bottes de moto, un blouson de cuir noir avec un Sarko sur le dos.

Bref, Christian, c'est un jeune homme, bronzé, gaulé, qui se rêvait légende de la moto, savourant sa gloire et son anis à l'ombre d'un pin parasol dans une grande maison blonde, au bras d'une mannequin russe *designée* par Philippe Starck.

Strosi en revanche, c'est l'homme. *Hominem Strositimus*, en latin. L'homme adulte, viril, charismatique, entré en politique en 1983, une année forte symboliquement puisque c'est la sortie de *Scarface*. Alors est-ce que ça a joué ? Oui !

De toute évidence, l'histoire de Strosi, c'est un Scarface à la niçoise. C'est quoi un Scarface à la niçoise ? C'est un Scarface, mais avec des anchois.

Strosi, c'est donc le héros hollywoodo-nicéen : jamais un faux-pli, une coiffure toujours impeccable, en vagues, qui vous donne ce petit côté surfeur senior, une peau mixte à tendance grasse soigneusement exfoliée et une implantation hebdomadaire de trente-deux dents neuves, qui vous donne ce sourire... hebdomadaire.

Strosi, c'est donc le personnage souriant et inquiétant, double, malin, capable – comme en juillet 2008 – de quitter précipitamment son siège du Rotary Club, de se déguiser grossièrement en obstétricienne guadeloupéenne pour aller accoucher les jumeaux de Brad et Angelina, alors en vacances dans la région.

Ce jour-là, vous posez pour les photographes bras dessus bras dessous avec le père et le soir même vous revendez sur eBay un petit échantillon de placenta de la mère. Malin !

Strosouille, c'est l'homme de droite, « passionné de l'environnement ». C'est ce que vous avez déclaré. C'est courageux. C'est courageux, parce que c'est vrai qu'il y a beaucoup de responsables politiques, notamment à gauche, qui trop souvent déclarent : « Moi l'environnement, ça me saoule ! Oh moi la Nature, les chevreuils même les jonquilles, ça me fout un bourdon ! Je coulerais tout ça dans du béton, je ferais des jolis parkings à la place. »

Zizi, c'est aussi l'amoureux. L'amoureux fou de Nicolas Sarkozy, avec lequel vous avez deux filles : Laura et Laetitia. Sarkozy, vous êtes son ami, son amour, son amant, son confident, vous êtes son garde du corps, son kiné, sa nourrice, son partenaire de golf, son chauffeur, son confesseur, son confiseur, vous êtes son coiffeur, son épilateur, son défibrillateur, vous êtes même son cuit-vapeur, son disque-dur externe et son tire-comédon. Bref, vous l'adorez, vous êtes son Tout ! D'aucuns disent même que vous êtes deux fois son Tout. Ils disent « Son Tout-Tout ».

La rencontre de Christian et de Strosi donnera naissance à vous, Christian Estrosi.

Le petit garçon à roulettes qui faisait « vroum vroum » en écoutant les Forbans a laissé place au Corléone de la région Paca.

D'ailleurs, il se murmure que deux biopics sont en préparation sur vous : à Hollywood, c'est Al Pacino qui jouerait le rôle. Et, en France, on hésite encore entre Patrick Bosso et Michèle Laroque…

Affaire à suivre.

5 octobre 2014

Louis Aliot, vice-président du Front National

Louis Aliot, j'adore ce mec ! Je l'adore ! Je vous adore. Mais je confonds peut-être avec Yannick Noah...

Alors Louis Aliot, dites-moi si je me trompe, mais j'ai l'impression que vous êtes un homme politique français. De type caucasien... Mammifère... Vivant. Mmmh.

Bon ben, je m'excuse mais je crois que j'ai pas trouvé d'angle très rigolo pour vous biographer, monsieur Aliot.

Franchement, Maïtena, j'aurais eu plus de facilité à biographer de l'aïoli que du Louis Aliot.

(Il réfléchit puis se lance.)

Aïoli, bonjour, vous êtes une sauce à base de jaune d'œuf. Et d'ail, évidemment. Et vous avez quarante-cinq ans. C'est un peu vieux pour une sauce.

Y a franchement de quoi se rendre malade. Cela dit, aujourd'hui, vous avez mis un costard, et ça, c'est classe. Vous êtes une sauce classe. Une sauce Cocktail donc.

Vous vous dégustez à l'apéro, et vous accompagnez traditionnellement les bulots comme Gilbert Collard.

Oui alors, simplement, Louis Aliot, je vous mets en garde, parce que je sais que vous avez la gâchette un peu facile au FN, faudra pas faire de procès en diffamation suite à cette chronique, il y a des choses fausses dedans, mais c'est le principe.

Par exemple, si je dis : « Louis Aliot, en réalité vous vous appelez Christine », faut pas faire de procès ! D'abord parce qu'on sera ridicule vous et moi au Palais de justice, et ensuite parce que vous perdriez (j'ai la preuve accablante que vous vous appelez Christine) !

Vous êtes né à Toulouse, et c'est rigolo parce que j'ai la sœur d'une amie de mon père qui a vécu à Toulouse. Donc, c'est rigolo. D'ailleurs non, c'est pas très rigolo parce qu'elle est décédée. Mais elle était un peu con, donc si, c'est rigolo.

Vous êtes né le 4 septembre 1969, et le 4 septembre 1969 c'est quoi ?...

Ben, c'est votre date de naissance, Louis, c'était pas dur pourtant, y avait un sacré indice !

Vous êtes né un 4 septembre, et je m'avise à l'instant que ça vous fait presque un point commun avec Tom Cruise puisqu'il a quand même joué dans *Né un 4 juillet*.

En revanche, j'ai cherché et vous n'avez aucun point commun avec Beyoncé, rien ! Je suis désolé, j'ai retourné ça dans tous les sens, je sais que ça vous aurait fait plaisir, mais non, rien ! C'est même à se demander si elle ne le fait pas exprès. Si elle ne fait pas TOUT pour n'avoir aucun point commun avec vous.

Mais c'est aussi la Sainte-Rosalie, c'est la date du premier IVG de confort de la sœur d'une amie de mon père (une autre) et c'est surtout la sortie en France de la série *Les Envahisseurs*, programme qui vous hante toute votre enfance et ira jusqu'à influencer quelque peu votre parcours professionnel.

Vous êtes donc du signe du coq Ail (je peux vous appeler Ail ?) Et c'est en tant que coq que dès votre plus jeune âge vous adhérez à la Crête Nationale (l'ancêtre du Front).

Une enfance tonique, fulgurante qui démarre en trombe : ski-étude puis tennis-étude, puis rugby-étude et qui se ramollit : ping-pong étude, puis danse-de-salon-étude, puis yoga-étude, puis gommettes-étude. C'est mou. Et puis, c'est la politique qui vous redonne un petit coup de sang en 1990, quand vous adhérez au FN.

Alors moi le FN je ne suis pas spécialiste, non moi j'avais pris EPS au lycée. Mais j'ai rien contre le FN, attention, j'ai même la sœur d'une amie de mon père qui vote FN alors vous voyez... Non, c'est juste que je ne comprends pas tout bien, je crois. Par exemple, quand vous déclarez : « Le Front National est la seule formation politique en France à défendre les valeurs de justice sociale et d'humanisme... » Bon... je comprends bien tous les mots, mais c'est marrant, comme ça, j'aurais pas dit… C'est vrai que je ne suis pas incollable en politique, je suis même franchement une tanche. Alors, par exemple, quand votre parti propose de couper les aides sociales aux immigrés ou de stopper le regroupement familial, c'est pas clair pour moi si vous êtes plutôt sur la valeur de « justice sociale » ou « d'humanisme » ? Mais c'est un détail, revenons-en à votre bio !

Michel Aliot, heu Aliot Marie, Louis Mayo, Aïolouis, en 2010, vous avez déclaré n'avoir jamais posé nu, et j'ai fouillé… C'est vrai ! Et c'est mieux. Si, c'est mieux. Pareil, je sais que l'idée d'une sexe-tape avec Marine Le Pen a été évoquée récemment en conseil de com', bon ben moi, si je peux vous donner mon avis : bof. Moyen moins.

Alors quelles sont vos fonctions, Louis Aliot ? À quoi vous servez ? C'est vrai, à quoi ça sert, Louis Aliot ? Ça fait grille-pain ? Même pas.

Depuis 2001, vous êtes quasi-membre de la famille Le Pen, vous êtes également membre du bureau exécutif du FN, membre du bureau politique, membre du comité central, membre du groupe Sexion d'Assaut et membre du Club des gens membres de trop de trucs.

Louis Aliot, votre avenir, je ne le connais pas, mais enfin j'imagine que vous allez vieillir, et perdre successivement vos cheveux, votre audition et votre mémoire immédiate, alors pour vous consoler je voudrais vous rappeler ce mot si clairvoyant de Marguerite Duras, une femme que j'admire, et qui est le mot « Poutre. »

2 novembre 2014

Eva Joly, députée européenne

Maïtena, vous êtes drôlement jolie. Et non pas « Eva vous êtes drôlement Biraben » qui ne veut RIEN dire.

Hei Eva ! Der jeg satt mine sandaler.

Voilà c'est tout ce que je sais dire en norvégien. Ça veut dire « Où j'ai mis mes sandales ? » Alors évidemment dans le contexte c'est pas franchement pertinent, mais je fais ce que je peux.

Eva Joly, on est bien d'accord : vous n'avez jamais fait partie du groupe Abba ? C'est ce qu'il me semblait, c'est une intox.

Eva Joly je dois dire que j'ai une tendresse toute particulière pour vous, d'abord parce que vous ne m'avez jamais mis en examen, et surtout parce que je trouve que vous ressemblez à une prof d'allemand. Enfin plus exactement à une prof d'allemand qui tente vainement de faire régner un peu de discipline dans sa classe de 4e B, alors qu'elle est à deux ans de la retraite. On vous l'a jamais dit ?

Alors avant de rentrer dans le cœur de votre biographie, quelques petits points de repère concernant la Norvège qui permettront aux téléspectateurs de vous cerner davantage.

Je rappelle que la langue principale de la Norvège est le norvégien – normalement là j'apprends rien à personne –, que la capitale est Oslo et pas Bourgoin-Jallieu comme on le lit trop souvent dans la presse. La fête nationale est le 17 mai, le sommet le plus élevé est le mont Galdhøpiggen, qui culmine – mais là non plus je ne vous apprends rien – à 2469 m.

Et je rappelle que c'est un kilo de viande hachée pour environ 25 délicieux kjottkaker (s'il y a des restes c'est pas très grave, parce que – vous me dites si je me trompe Eva – je crois que ça se congèle très bien les kjottkaker).

Et puis je rappelle surtout que le camping sauvage est toléré mais très réglementé en Norvège, qu'il vous en coûtera de 80 à 110 NOK pour une tente, et de 100 à 300 NOK pour un camping-car.

La carte de camping « *Norsk Campingkort* » n'est pas obligatoire, mais elle donne le droit à plein d'avantages, notamment à un supplément savon et à un petit verre d'aquavit de bienvenue. Vous pouvez vous la procurer auprès de Reiselivsbedriftenes Landsforening ou l'acheter dans les campings affiliés pour le prix vraiment attractif de 100 NOK.

Bon eh bien quand on sait tout ça... moi je trouve que ça donne quand même un tout autre éclairage sur votre gestion de l'affaire Elf.

Eva Joly elle est bien votre biographie parce qu'elle est drôle. Votre vrai prénom, pour commencer. Vous vous appelez Gro. Donc on rigole. Et alors ça se prononce Gro. Donc on rigole encore plus.

Vous êtes né à Oslo un 5 décembre et, contrairement aux apparences, vous n'êtes pas la fille cachée de Jean-Pierre Coffe et Sylvie Joly. À l'âge de vingt ans, vous êtes belle comme tout (on dit que vous ressemblez à Liv Ullmann) et vous arrivez troisième au concours de Miss Norvège (alors que Cohn-Bendit n'atteint même pas les sélections régionales). Donc bravo. Bravo Gro ! « Wesh bien ».

Je suis désolé de vous dire bravo pour ça mais je ne peux pas tellement le faire pour vos 2,31 % à la présidentielle de 2012, on m'accuserait de me moquer. Alors que, franchement, c'est pas ridicule 2,31. Tant que c'est plus que Dupont-Aignan, c'est pas ridicule.

Vous débarquez en France en février 1964 après 36 heures de train. De Liv Ullman vous passez à Richard Anconina. Mais c'est normal, tout le monde ressemble à Richard Anconina après 36 heures de train.

Après plein de petits boulots en « ère » : fille au pair, secrétaire, mon armoire à cuillères, mon évier en fer et mon poil à mazout (pas très écolo), vous intégrez la magistrature. Vous déclarez à propos de votre entrée au concours : « Il n'y avait pas de questions de culture générale et ça ne m'a pas dérangée. » Et vous ajoutez : « En revanche j'ai grave assuré au chamboule-tout. »

Vous êtes reçue et là vous devenez petit à petit la redoutable juge Eva Joly, « la juge rouge ». Ça fait flipper. Massacre à la tronçonneuse à côté c'est Pikachu fait du poney.

C'est dans les années 90 que vous pratiquez votre principal hobbie, la pêche aux gros : Bernard Tapie, Roland Dumas, DSK. Vous ne tremblez pas une seconde devant la virilité grassouillette Eva. Et le jour où Vladimir Poutine décline – par frousse ! – votre invitation à l'affronter en *free-fight*, vous comprenez que vous êtes suffisamment armée pour entrer dans un nouveau Monde aussi galant qu'un bar à bières au fin fond du Texas : la politique.

Vous hésitez quelque temps sur le parti à rejoindre. Vous vous dites : « Bon c'est vrai que j'aime bien les épinards, j'aime bien fumer des oinjs avec mes potos, j'aime bien le Get 27. Et surtout je DÉTESTE *Ushuaia* sur TF1, il est pénible le type qui présente, il est mal peigné, il se la pète à nager avec des loutres, je vais aller chez les Verts ! » Et vous voilà devenue celle que l'on connaît, des quartiers pauvres d'Oslo au parlement Euro en passant par le barreau, la vie en Gro. Alors votre horizon à venir je ne le connais pas, je ne sais pas si vous êtes une femme heureuse, Maïtena non plus je ne sais pas si vous êtes une femme heureuse, moi non plus je ne sais pas si je suis une femme heureuse, mais ce que je sais c'est votre compatriote le dramaturge Henrik Ibsen qui me l'a appris dans sa pièce *Les Revenants*, que vous avez la chance de pouvoir lire dans sa langue : « Chercher ses sandales. *(Il se reprend.)* Heu non... Chercher le bonheur dans cette vie, c'est là le véritable esprit de rébellion. »

Bon dimanche !

9 novembre 2014

Nadine Morano, députée européenne

Maïtena Beauté, chers amis, chers téléspectateurs, il y a un doute sur mon orientation sexuelle ! Pas pour moi, mais pour un « twitto » qui s'est manifesté cette semaine et a jugé que « des explications officielles étaient désormais indispensables ».

Alors je m'exécute, ça soulagera la twittosphère de cette question angoissée et primordiale qui – c'est vrai – préoccupe beaucoup les Français, et qui a d'ailleurs été abordée lors du dernier Conseil des ministres. Et du dernier sommet de l'Otan. Et lors d'un dîner chez BHL ! Et après, on en viendra à vous Nadine, Nadinouille, ma Nounouille comme j'aime à vous appeler. Alors voilà, explications officielles : mon orientation sexuelle c'est... à gauche, je porte à gauche. En permanence, quoi que je mette (slip, boxer, string, tanga, avec ou sans cockring), je porte à gauche. Du reste, je ne suis pas le seul, Louis Jouvet aussi portait à gauche, Champollion, pareil, à gauche, Zidane, à gauche, comme moi. Olivier de Kersauson, pareil, à bâbord ! Voilà, ça, c'est dit. Et pour plus de transparence, sachez que dès la fin de cette chronique les mensurations de mes organes génitaux, ainsi que des photographies et des témoignages audio de mes partenaires seront disponibles sur CanalPlus.fr

Alors on revient à vous, Nanouille, c'est quand même plus intéressant. Pas de beaucoup, mais un peu.

Nadine, vous êtes née (jusque-là c'est bon ?) et vous avez grandi à Nancy, nan ? Si ! Qu'est-ce qu'on rigole ! À l'âge de huit ans, c'est en voyant Jacqueline Maillan dans *Madame Sans-Gêne* à la télévision que vous découvrez votre vocation. Vous deviendrez vous aussi une rigolote.

En parallèle à vos études de droit, qu'il faut bien suivre pour faire plaisir à Papa-Maman, vous commencez à fréquenter les cafés-théâtres nancéiens. Là-bas, vous rodez vos tout premiers textes : *L'Auto-stoppeuse, La Charcutière est un boudin* ou *La Poissonnière est une morue*, qui exploitent un peu les mêmes ressorts. Commence alors à se dessiner de sketch en sketch ce personnage de Française moyenne, gouailleuse, un peu réac sur les bords (et au milieu), cette icône des fins de mariage, qui fera votre succès quelques années plus tard. En 1986, vous devenez déléguée départementale des jeunes RPR de Meurthe-et-Moselle. RPR, je le rappelle : Rassemblement pour la Rigolade. Vous déclarez à ce propos : « Le RPR était un parti de machistes. La première fois que j'ai fait un discours, le secrétaire départemental a demandé à lire mon texte. » Ça a changé ça, on sent bien que depuis quelques années, vous-même ne vous relisez plus trop.

La notoriété mosellane ne vous suffisant pas, vous décidez de monter à Paris, des rêves plein les yeux.

Et là, c'est le début d'une ascension fulgurante, vous rencontrez celui qui sera votre partenaire de scène, votre Jean Poiret, votre Frère Taloche à vous : Nicolas Sarkozy. C'est avec lui que le grand public vous découvre. Vous faites la tournée des zéniths avec vos spectacles *Ils s'aiment* puis *Ils se sont aimés* qui sont de véritables cartons.

Mais quand Nicolas choisit de continuer sa route en solo, qu'à cela ne tienne vous rebondissez immédiatement avec votre stand-up, *Nadine n'est pas une Rothschild* qui vous vaut d'être artiste associée à vie au théâtre des Deux Ânes. En 2003, vous créez la surprise et vous devenez vice-présidente de la mission d'information parlementaire sur l'accompagnement de la fin de vie.

Bon ça, c'est un peu votre *Tchao Pantin*, vous voulez prouver que vous n'êtes pas que la blonde rigolote, qui trucule et qui pétule dans tous les coins, que vous pouvez aussi jouer des choses plus dramatiques, mais vous avez la *vis comica*, Nadine, vous êtes une marrante, vous êtes une marrante !

Enfin, vous êtes une marrante sur scène ! Parce que dans la vie il y a des choses avec lesquelles vous ne rigolez pas, Ninouille : en juillet 2014 vous attaquez en justice Guy Bedos, qui vous avait traitée de « conne ».

Bon ça, c'est des brouilles entre collègues, moi la semaine dernière Laurent Ruquier m'a dit : « T'as un truc entre les dents », ben j'ai pas fait de procès.

Nadine, vous venez aujourd'hui nous annoncer votre retour sur les planches, en solo, dans un spectacle intitulé *Elle boit pas, elle fume pas mais qu'est-ce qu'elle tweete !*, une compilation de vos meilleures punchlines. Première le 6 décembre à la Comédie des Boulevards. Moi j'ai déjà mon ticket. Parce que vous l'aurez compris, Nadine, je suis un grand fan. Je voulais néanmoins vous poser une question : il ne vous colle pas trop à la peau, le personnage ? Faites gaffe, il paraît que c'est très dur de se défaire d'un rôle comme ça, aussi fort. Valérie Lemercier par exemple, après *Les Visiteurs*, tout le monde pensait qu'elle était vraiment très très bourge. Muriel Robin, pareil, on croyait qu'elle était énervée tout le temps. Moi je vous aime beaucoup, alors je ne voudrais pas qu'on finisse par vous confondre avec votre personnage...

30 novembre 2014

Bernard Cazeneuve, ministre de l'Intérieur

Confidence de l'auteur : Ce qui me rend heureux dans cette bio, c'est de voir que l'expression « tendu comme une soupe » tout droit sortie de mon cerveau, est passée dans le langage courant. Pas dans le langage courant de tous les Français, mais dans le langage courant de mes amis et moi. Dans le langage courant de quatorze Français, en somme.

Bonjour. Tendu. Je suis tendu… Ministre de l'Intérieur, moi ça me tend : patron de la police, premier flic de France… ça crée une tension. En plus, là, j'ai deux petits grammes d'héroïne sur moi, je vous jure je fais pas le malin ! Je suis tendu comme une soupe.

Bernard Cazeneuve, vous êtes donc ministre de l'Intérieur… et ça se voit à l'extérieur. Vous êtes né le 2 juin 1963 et vous mourrez le… *(Il cherche dans ses papiers.)* ah zut, j'ai perdu la date ! Par contre, les conditions je m'en souviens : en ingérant un Légo !

Vous êtes un mammifère politique de gauche, de la famille des vertébrés, reconnaissable à votre squelette cartilagineux, à votre pelage doux et à vos lunettes en écailles.

Vous grandissez dans l'ombre d'un père responsable du Parti socialiste (« responsable du Parti socialiste » ne veut pas dire que c'est de sa faute si le Parti socialiste existe) qui, en 1973, vous offre le plus beaux des Noëls pour un enfant de dix ans : un ticket pour un meeting de François Mitterrand, à Creil !

Votre papa : Bernard tu préfères Walibi ou Mitterrand ?

Vous : Mitterrand ! Mitterrand ! Mitterrand !

Ce soir de décembre est une déflagration dans votre petit cœur de Bernard. Piqué par la rose, vous rentrez à la maison subjugué, changé, en un mot : tétanos. *(Il se reprend :)* Socialiste, pardon. Papa essaiera de désinfecter la blessure, mais il est trop tard. Coule désormais dans vos veines le sang du socialisme.

J'ai retrouvé une photo de vous à l'époque.

(Photographie de lui aujourd'hui, déambulant dans les allées de son jardin.)

Trop mignon, à dix ans, vous aviez déjà atteint votre taille adulte ! C'est courant chez les hommes politiques, y a comme un besoin de grandir très vite.

Quelques années plus tard, vous débarquez à Bordeaux pour vos études. Et attention, petit quizz : quelles études a suivies Bernie à Bordeaux ? Des études politiques ou des études de GRS ?

Des études politiques, bravo Maïtena, vous gagnez un séjour pour deux en garde à vue. Et une clope.

Effectivement, des études politiques. C'est surprenant. J'aurais pourtant juré que vous suivîtes des études de droit. Parce que je trouve que vous avez quand même vachement l'air d'avoir été greffier. Mais au XIXe siècle.

Puis vous entrez dans la vie active, mais discrètement, par la porte des cabinets. Pas très glamour. Ils ont beau être ministériels, ça reste des cabinets. Un début de carrière solitaire donc, mais concentré.

En 1993, une belle année 93… *(Soudain nostalgique, il se perd dans ses souvenirs.)* Je me souviens… ton corps alangui contre le mien… *(Il se reprend :)* Pardon ! En 93, vous êtes nommé Secrétaire général du Conseil supérieur de la navigation de plaisance. Pfff ! C'est là qu'on se rend compte à quel point la diplomatie française se prend la tête sur les intitulés, parce que c'est ni plus ni moins que loueur de canoës votre truc.

Et puis l'année d'après, vous êtes parachuté (décidément vous êtes casse-cou…) dans la Manche et vous devenez député et Maire d'Octeville sur la presqu'île du Cotentin.

Donc ça existe en fait le Cotentin ? Moi j'ai toujours cru que le Cotentin était une invention des présentatrices météo pour faire joli.

Bon et ensuite vous devenez ministre. Mais alors, mon pauvre Bernie, vous écumez vraiment les portefeuilles les moins festifs : ministre des Affaires européennes *(il souffle dans une langue de belle-mère)*, ministre du Budget, en remplacement de votre ami Jérôme Cahuzac au sujet duquel vous déclarez : « Je crois en sa sincérité. » *(Il souffle dans une flûte à bec.)*

Et depuis 7 mois et 27 jours, vous êtes ministre de l'Intérieur.

Bernard Cazeneuve, après la Manche, vous vous retrouvez à l'Intérieur. Vous n'avez pas peur d'étouffer ? Non parce qu'il est loin le temps béni des pédalos au grand air. Aujourd'hui, Place Beauvau, la navigation n'est plus tellement de plaisance, y a de la houle, monsieur le Ministre ! Les eaux sont plus furieuses, agitées, comme celles du barrage de Sivens que vous n'avez pas su maîtriser et qui vous éclaboussent aujourd'hui.

Vous qui êtes féru de littérature, vous connaissez certainement cette phrase de Shakespeare, qui écrit dans *La Tempête* – c'est bouleversant : « *Every night in my dreams, I see you, I feel you.* » En français : « Nous sommes faits de l'étoffe de nos rêves et notre petite vie est entourée de sommeil. »

Des rêves, Rémi Fraisse en avait sans doute plein le sac à dos. J'espère que son sommeil est doux.

Hisse et ho et bon dimanche.

14 décembre 2014

Michel Rocard, ancien Premier ministre

Confidence de l'auteur : J'étais assez ému de rencontrer Michel Rocard, petit homme dans un costume trop grand, venu tout seul à l'émission (là où les autres invités étaient généralement bardés de communicants). Régnaient autour de lui beaucoup d'émotion et de délicatesse, comme souvent autour des hommes qui ont été très grands et que le temps a réduits et rendus fragiles.

Michel Rocard, vous êtes l'espoir de la gauche française… depuis longtemps.

On ne va pas se mentir, vous êtes copieux ! Michel Rocard, c'est un sujet compliqué pour une biographie ! C'est coefficient 7 ! Ah Rocard, c'est pas Fleur Pellerin. Physiquement déjà ça n'a rien à voir, et puis en termes d'années au compteur. C'est simple : Najat + Fleur Pellerin + racine carrée de Montebourg multiplié par 2, moins Martine Aubry sur Hollande, le tout divisé (comme d'habitude) par Manuel Valls = Michel Rocard. Vous pouvez refaire le calcul chez vous.

Michel Rocard, vous en avez vécu des choses, vous en avez connu des gloires et des silences. L'Hamster Érudit (votre ancien nom scout) est devenu le Père Castor de la politique. Il nous faudrait mille et une nuits pour vous écouter raconter vos histoires.

Et je ne vais pas faire semblant, je suis très ému de vous rencontrer. Je pense que ça me ferait le même effet si je voyais Vercingétorix ou la Joconde en vrai. Oui, car vous êtes comme échappé de mon manuel d'histoire de 5e. Et je suis sûr qu'on vous trouve dans au moins dix PUF.

Survolons un peu votre enfance, Michel : vous grandissez dans un milieu protestant du côté de votre mère (protestant contre quoi, ça, personne n'a été foutu de me le dire). Votre père lui est un catholique endurci, mais doux comme un agnostique.

À dix-sept ans, vous intégrez une prépa hypotaupe. Hamster, castor, taupe… Il y a décidément beaucoup de rongeurs dans votre bio, Michel.

Entre l'enfance et le début de votre carrière politique, je ne retiens que deux choses essentielles : vous avez fait l'ENA en 1956 et une quiche en 1960. L'Ena, vous l'avez fait trois ans, en pleine guerre d'Algérie. Et la quiche, vous l'avez faite aux lardons. En pleine guerre d'Algérie !

Et puis, c'est le début d'une longue marche politique, monsieur Rocard. En 1969, année érotique, vous êtes candidat à l'élection présidentielle. Vous obtenez 3,66 % des voix. C'est un taux de glycémie ça, c'est pas un résultat de scrutin !

C'est Pompidou qui l'emporte. À la suite de quoi, vous subissez l'interview coquine de Thierry

Ardisson qui vous demande : « Monsieur Rocard, est-ce que Pompidou, c'est trompidou ? »

Bon ensuite, des élections, vous en gagnez, pas les plus folledingues : député des Yvelines, maire de Conflans-Sainte-Honorine, et votre goût pour la rime vous mène jusqu'au père de Mazarine, François Mitterrand, dont vous serez le Premier ministre et le meilleur ami, une seule de ces affirmations est correcte.

La vie continue, remaniement, réforme, RMI...

Et puis, en 91, vous démissionnez de votre poste de Premier ministre et Mitterrand ne vous retient pas (remarquez le bel euphémisme).

Aujourd'hui, vous êtes Ambassadeur chargé de la négociation internationale pour les pôles arctique et antarctique. Vous travaillez donc en étroite collaboration avec Bibifoc. Vraiment main dans la main, enfin dans la nageo..., poil contre pull, enfin vous êtes très proches !

Michel, vous êtes grand-officier de la Légion d'honneur, Grand-Croix de l'Ordre national du mérite, commandeur du mérite agricole, vainqueur de « The Voice Québec », bref vous êtes un grand homme. D'ailleurs, vous êtes le premier invité de la saison qui a donné son nom à un courant de pensée politique. C'est vrai. Le rocardisme existe, a eu et a encore de belles heures de gloire. Je parierai moins sur le moranisme, l'estrosisme ou le najatvallaubelkacisme. Et pour ça, monsieur Rocard, vous avez toute mon admiration. Vous, ça vous fait une belle jambe, et moi un beau souvenir.

21 décembre 2014

Karl Lagerfeld, couturier, styliste et designer

Confidence de l'auteur : Cette rencontre avec Karl Lagerfeld est un beau souvenir. J'étais préparé à ce qu'il ne me décroche pas un sourire, j'étais préparé aux fusils que j'imaginais dissimulés derrière ses lunettes noires, et – ô surprise – il a ri, de bon cœur, et a même montré ses dents (ce qu'il a rarement fait en télévision), et après l'émission m'a même dédicacé son livre d'une petite griffe très amicale. J'ai beaucoup d'affection et d'admiration pour cet homme. Il faut regarder des photos de lui jeune sur Internet. Il est encore plus beau qu'Alain Delon.

Maïtena, on rencontre parfois des gens dans la vie, auprès desquels on se sent terriblement moche, pauvre et mal habillé.

Bonjour, Karl Lagerfeld. Vous vous souvenez de moi ? Non ? On s'était croisés dans le wagon-restaurant d'un Paris-Genève en 2001. Vous aviez fait tomber votre touillette, et je l'ai ramassée. Vous ne vous souvenez pas ? Putain, le melon le mec !

Monsieur Lagerfeld, je sais qu'il y a quelques années vous avez fait interdire une biographie non autorisée, alors j'ai anticipé : celle-ci est déjà interdite, ça vous épargnera des frais d'avocat. Parce que je sais que vous êtes un peu ric-rac en ce moment...

Karl, alors bien sûr vous n'êtes pas un invité politique, vous n'êtes même pas un invité tout court : vous avez cogné à la porte du studio ce matin et vous avez exigé qu'on fasse une émission sur vous. Comme vous nous faites un peu peur, on a obtempéré, et on a décommandé notre invité politique au dernier moment. Il était furax, Barack Obama. Mais bon, il reviendra quand il aura une actu !

Alors Karl, il paraît que si l'on donne votre date de naissance, on meurt instantanément. N'importe quoi ! Vous êtes né le 10 septembre 19... *(Il s'interrompt.)* Ah c'est vrai qu'on sent une raideur dans la nuque !

Karl, votre parcours dans la mode est spectaculaire, petit génie vous débutez à six ans, âge auquel vous êtes nommé à la direction artistique de Petit Bateau, puis c'est l'ascension, vous grandissez en même temps que votre ambition : à huit ans Kiabi, à treize Gémo, à quinze La Halle aux vêtements, à seize ans Sloggi (c'est normal, c'est la puberté), à dix-sept Célio, et à dix-huit ans – le bel âge – vous intégrez la maison Balmain. Balmain un tibo, deux tibo, trois tibo doudou, bien sûr !

Et en 1971, Coco Chanel s'éteint, et vous voilà directeur artistique de la maison, quelques années plus tard.

Et, petit à petit, vous devenez le grand créateur fantasque que l'on connaît…

Vous n'êtes jamais en mal d'inspiration, pour créer rien ne vous arrête, surtout pas le coût des matières premières.

Une nuit de 1993, vous vous réveillez en sursaut, vous appelez votre plus proche collaborateur :

(Avec la voix de Karl :) « Heidi, appelle des chirurgiens, va dans la chambre de Claudia et prélevez tout l'épiderme de son postérieur pendant son sommeil, on va en faire des pantalons pour la collection Hiver, ce sera très bien.

— Oui, mais Karl ça va coûter la peau du cul.

— Oui, c'est le principe. »

Aujourd'hui Karl vous êtes partout et vous vous déclinez en toute une gamme de produits. *(Photos à l'appui.)* La boule à neige Karl Lagerfeld, le mug Karl Lagerfeld, l'espadrille Karl Lagerfeld, même l'espadon Karl Lagerfeld, mais aussi la Barbie Lagerfeld, le sex-toy Lagerfeld (très sympa, très familial), un poney Karl Lagerfeld… Réécoutez la phrase « un poney Karl Lagerfeld », je pense qu'il faut calmer un peu les gars du marketing…

Et malgré tout ça, Karl, vous gardez la tête sur les épaules, grâce – il faut bien le dire – à une énucléation partielle du cou, et à la greffe définitive d'un col blanc devenu légendaire.

On fait même appel à vous pour designer des quartiers, à Hambourg ou Dubaï, bientôt le monde sera Lagerfeld, Karl. Récemment, François

Hollande a d'ailleurs réclamé votre expertise pour la réforme des régions. Vous avez rendu un projet assez élégant qui prévoit de redessiner un peu la silhouette de la France, en cintrant davantage à la taille. Une opération qui nécessite de supprimer le Rhône-Alpes et le Poitou-Charentes. C'est vrai que c'est plus classe. Ça met bien en valeur le bassin… méditerranéen, mais on perd le Futuroscope. (C'est pas grave, on ira à Vulcania.)

Karl, votre biographie ne saurait être complète sans évoquer votre fidèle compagnon, votre partenaire de route et de déroute, votre chat Choupette, dont le PIB est deux fois supérieur à celui du Danemark. Un chat qui a son compte Twitter, sa dame de compagnie, ses propres bagages Vuitton, son plan épargne logement et qui – comble du luxe – a lui-même un chat.

Vous avez publié récemment son journal intime. J'ai hâte de lire (je termine d'abord toute la littérature écrite par des hommes, et ensuite je passe à Choupette).

Pour l'instant, aucun biopic n'est en préparation sur vous Karl, et je sais que ça vous met en rogne : Saint Laurent 2 Lagerfeld 0. Mais c'est parce que vous êtes en pleine forme, vous êtes d'une jeunesse ébouriffante ! Alors, aux premiers signes de faiblesse, à la première quinte de toux, vous m'appelez et, promis, on lance les castings. J'ai un acteur formidable pour jouer votre rôle, il est très très beau et très très doué, je sais pas si vous le connaissez… Regardez, c'est lui ! *(Une photo de Karl Lagerfeld jeune apparaît.)*

28 décembre 2014

Cette émission, diffusée peu après Noël était un peu spéciale. Il n'y avait pas d'invités, j'avais donc décidé de révéler les secrets de beauté de ma belle Maïtena.

Bonjour, Maïtena. Vous avez été gâtés à Noël ? Moi, c'était tout pourri en termes de cadeaux cette année, je ne sais pas ce que j'ai fait de mal. De la télévision, peut-être… J'ai eu un chat et un wok. Nul. Alors le wok, c'est bien, ça va me servir. Et le chat, bon, grâce au wok, ça va me servir aussi, mais c'est quand même un peu nul. De toute façon, je ne l'aime pas cette fête. Non, c'est nul, quand on grandit, elle ne marche plus. Ça devient une sorte de Chandeleur, avec plus de guirlandes et moins de grumeaux, ça n'a aucun intérêt.

Alors je profite de ce dimanche particulier pour lever le voile sur ma partenaire particulière, Maïtena Biraben. Ah, vous avez la pétoche Maïtena… ! Si, je vous vois, vous serrez les fesses… que vous avez fort jolies d'ailleurs. À ce propos vous savez que les tabourets se battent entre eux. Allez, ça fait trois semaines que j'ai Cyrille Eldin, on tourne !

Maïtena, une personnalité énigmatique, qui inspire bien des interrogations, pour ne pas dire des fantasmes, chez vous, téléspectateurs, mais aussi dans mon entourage. Je passe évidemment sur les questions trop intimes, déplacées, ceux qui me demandent si nous avons – oui ou non – déjà couché ensemble. On est à la TV, la réponse est OUI bien entendu, mais dans des conditions sanitaires tellement épouvantables que je crois que nous préférons tous deux ne pas nous en souvenir.

Je passe aussi sur l'habituelle question : « Elle est sympa ? », la déplacée : « Elle gagne combien ? », la farfelue : « C'est ses vrais cheveux ? », la très farfelue : « C'est ses vrais coudes ? », la palpitante : « Elle a un rapport avec la maison Biraben qui fait du foie gras dans le Sud-Ouest ? », et je m'attarderai plutôt sur une question plus politique, qui revient beaucoup dans vos courriers. Vous êtes en effet très nombreux à me demander quels sont les secrets de beauté de Maïtena, et très peu nombreux, je le constate amèrement, à me demander les miens. Alors puisqu'« il faut que les secrets circulent », comme l'écrivait Hervé Guibert, je vous réponds : ma belle Maïtena n'a pas tellement de « secrets » à proprement parler, si ce n'est cet enfant illégitime qu'elle a eu avec Jean-Marc Morandini. Elle n'a ni cosmétiques miracles et inabordables, ni chirurgien suisse à la précision horlogère, elle a simplement une alimentation saine, exigeante, en un mot :

équilibrée. Équilibrée selon les conseils d'une de ses consœurs (qui n'a de Maïtena que les deux premières syllabes) : en début de semaine, des abats, exclusivement. Divers abats : tripoux, foies de veaux, rognons, anus d'huîtres, etc. Et en fin de semaine, des graines de courges ! Ce sont là les recettes de cette mine infiniment précieuse (pour écrire ce dernier paragraphe, j'ai eu le malheur de taper « anus d'huître » dans Google Image… ne faites jamais ça si vous voulez en remanger un jour).

En termes de quantité, c'est assez régulier. J'ai pu observer qu'à la cantine, là où Cyril et Valentine finissent péniblement leurs premières assiettes, Maïtena se ressert une bonne demi-douzaine de fois environ, de chaque plat, qu'elle sauce scrupuleusement, à l'aide de six ou sept pains de campagne format Depardieu.

Et comme c'est une farceuse, ça ne vous aura pas échappé, il lui arrive de boire goulûment un bol entier d'aïoli juste avant d'aller saluer l'invité politique dans sa loge, ce qui a pu créer des réactions allergiques assez spectaculaires. On se souvient notamment du léger choc anaphylactique de Jean-Christophe Cambadélis et d'un gros orgelet moranesque, assez complexe à camoufler. C'est le staff maquillage du *Roi lion* qui nous a sauvé l'émission. « Orgelet moranesque » c'est pareil, c'est un truc à ne pas taper dans Google Images.

Ce qu'il faut savoir également, c'est que depuis 1998 Maïtena souffre d'hydropotophobie, une pathologie inventée qui l'oblige à se tenir éloignée de l'eau minérale, qu'elle a donc définitivement remplacée par du whisky qu'elle distille elle-même, profitant de ses bonnes relations avec le chef de l'État, dans un alambic clandestin situé sous le palais de l'Élysée. Selon une source anonyme, il n'est pas rare de croiser dans les couloirs de la République la plantureuse Maïtena, pétée comme un coing en train de chanter des chansons paillardes écossaises à deux voix avec Julie Gayet.

Évidemment, tout cela, ce sont de grosses bêtises pour la fin d'année, je ne connais pas tellement les coulisses de votre hygiène de vie Maïtena, nous n'avons pas couché ensemble dans des conditions déplorables, nous nous sommes aimés dans le salon désert d'un petit hôtel de la Côte atlantique avant de dîner d'un délicieux poisson en papillote. Flambé au whisky. Non, ça non plus, ce n'est pas vrai, mais voyez la somme de fantasmes qu'elle m'inspire... L'année est belle à vos côtés, Maïtena. Bon réveillon et à l'année prochaine !

11 janvier 2015

Daniel Cohn-Bendit,
journaliste et député européen

Inédit

Confidence de l'auteur : Voici la première version de la Bio de Daniel Cohn-Bendit, écrite juste avant l'attentat de Charlie Hebdo, le mercredi 7 janvier.

L'enregistrement de l'émission se faisant deux jours plus tard, j'en ai écrit une seconde version post-attentat, qui figure dans les pages suivantes.

Bonjour et bonne année à tous, particulièrement à ceux qui sont loin de chez eux, et qui gardent au fond d'eux quelque chose qui fait mal, qui fait mal.

Bonjour, Daniel Cohn-Bendit. Vous aussi, parfois, vous êtes loin de chez vous ? Et est-ce que vous jouez du piano debout, c'est pour un sondage ?

C'est formidable, Maïtena, d'avoir toutes les semaines rendez-vous avec un peu d'histoire !

Bon des fois, c'est Roselyne Bachelot, mais des fois c'est l'histoire avec un grand H.

Oui car Daniel Cohn-Bendit, c'est toute une histoire de la politique, bien sûr, mais c'est aussi toute une histoire du cheveu.

D'abord, Daniel Cohn-Bendit en termes de colorimétrie, c'est foutraque. Vous avez été Dany le Rouge, maintenant vous êtes Vert et vous avez toujours eu une peau de roux. C'est bien, c'est gai mais on va tâcher d'éclaircir tout ça parce que c'est brouillon.

Vous naissez en 1945 à Montauban, Montauban qui – on me l'annonce à l'instant – vient tout juste de lever l'interdiction de circuler boulevard Bonnafous, une bonne nouvelle pour tous les riverains à qui l'on souhaite une bonne année.

Montauban où votre papa Erich et votre maman Herta (une femme qui a le goût des choses simples) se sont réfugiés pour échapper au régime nazi, un régime qui est un cran au-dessus du régime Dukan en termes de sévérité.

Montauban, où vous naissez dix petits mois après le débarquement de Normandie, ce qui ne constitue pas là l'acte le plus courageux de votre carrière politique, Daniel.

Vous passez votre enfance et votre adolescence entre la France et l'Allemagne, enfin pas pile entre la France et l'Allemagne, vous restez pas vingt ans comme un idiot à la Frontière, vous faites des allers-retours entre Francfort et Nanterre (Nanterre qui – on me le signale à l'instant – vient de fermer la circulation boulevard du Général-Leclerc, une mauvaise nouvelle pour tous les riverains à qui l'on souhaite malgré tout une bonne année).

Nanterre, qui sera bien sûr le théâtre de vos premières étincelles de gloire, Dany, c'est à Nanterre que le rouge vous monte aux joues. Vous occupez la Sorbonne, à vingt-quatre ans, et vous devenez le leader et le porte-parole charismatique de la révolte de Mai 68.

Cette photo fait le tour du monde.

(Célèbre photographie de Daniel Cohn-Bendit qui sourit à pleines dents à un policier.)

Du monde et des cabinets d'orthodontie.

Ce jour-là, Daniel, vous entrez dans l'histoire. Le CRS à qui vous souriez aussi rentre dans l'histoire mais de dos, dommage.

Jamais dans l'histoire de la politique et de l'ophtalmologie française, des yeux n'auront brillé comme les vôtres, Daniel.

Vous avez dû croiser ma maman, à l'époque. Vous vous en souvenez pas ? Une femme avec une tunique à fleurs, un gilet de mouton, un turban orange et des sabots… Mais si ! Ben y en avait quand même pas dix mille ! Elle fumait des pétards. Non ? Elle faisait toutes les AG de Nanterre, avec mon père. Mon père, lui, vous vous en souvenez, forcément, vous avez couché avec lui. Et quatorze autres personnes.

À l'époque, Dany, vous êtes un lion, superbe et généreux, un héros hugolien, un acteur.

Nous sommes donc en mai 68, et s'ensuivent des mois un peu chahutés, vous n'êtes pas très assidus aux cours, vous êtes un peu turbulent. Quand cette pauvre Mme Alberny, qui est alors votre prof d'éco, vous demande quelle est la monnaie du Danemark, vous répondez : « Le droit français est la vaseline des enculeurs du peuple. » Bon, je suis pas très fort en éco, j'ai fait L, mais j'ai l'impression que c'est pas du tout la bonne réponse ! C'est hors sujet, non ? Résultat : c'est le conseil de discipline. La punition est sévère : recopier cent fois la conjugaison du verbe « Jouir sans entraves » à tous les temps et à tous les modes de l'indicatif, du conditionnel et de l'utopique.

Bon et, accessoirement, pour avoir voulu faire péter les carcans gaullistes autoritaires, vous êtes interdit de séjour en France, et expulsé en Allemagne.

Et puis, comme tout un chacun, vous avez grandi, et puis vous avez vieilli, le rouge est devenu pastel, un peu plus pâle, un peu passé.

Monsieur Cohn-Bendit, je vous jalouse affreusement. Pour deux raisons : la première, c'est que moi mes yeux n'ont jamais brillé autant que les vôtres, même la première fois que je suis tombé amoureux.

Depuis tout petit, je suis bercé par la nostalgie de ces années-là, l'année de la libération, de la jeunesse, du foutoir, l'année des amours à chaque coin de rue et des révolutions à chaque coin d'œil. Je rêve de vivre ça un jour, moi aussi. Mais à chaque fois je les rate. Mai 68 ? Pas né ! Grandes grèves de 95 ? Trop petit ! Manif pour tous ? Trop contre !

Et la deuxième, c'est que vous avez vécu le rêve, que dis-je, le fantasme absolu de l'amoureux des actrices que je suis. En 1968, c'est une actrice qui vous a teint les cheveux et vous a exfiltré de France pour vous conduire en Allemagne au volant de sa décapotable.

À ses côtés, à l'époque, vous anticipez tous les Truffaut : *Baisers volés*, *L'Amour en fuite*. C'est la rencontre de *L'Enfant sauvage* (que vous êtes) et de *La Peau douce*. Cette actrice, c'est Marie-France Pisier, Marie-France Pisier à qui l'on souhaite une belle éternité et un bon dimanche.

11 janvier 2015

Daniel Cohn-Bendit (2)

Confidence de l'auteur : Voilà donc la bio de Dany, réécrite après l'attentat à Charlie Hebdo.

Monsieur Cohn-Bendit, j'avais écrit en début de semaine votre bio interdite, qui retraçait votre parcours – politique autant que capillaire –, et rendait hommage à l'esprit de Mai 68, à l'insolence, aux fleurs et aux gilets de mouton.

Et puis mercredi comme tout le monde j'ai été abasourdi, tétanisé, incapable de rire, d'écrire le moindre mot et même de prendre ma douche. Je suis allé le soir place de la République, pour tout à la fois vaciller et me tenir debout. Puis je suis rentré chez moi, j'ai bu du vin blanc, en grande quantité. J'ai allumé BFMTV, et puis j'ai éteint, écœuré par cette effroyable journée, et par une galette des rois premier prix. Je suis allé me coucher, après avoir fermé la porte à clef. Parce que j'avais peur, bêtement. Jeudi matin, j'ai relu ma bio interdite, la vôtre, mais j'avais tellement pas envie de rigoler que j'ai fait Édition, Sélectionner tout, Suppr. Et puis j'ai écrit ça :

Je m'appelle Vincent Dedienne, je suis un jeune acteur et depuis le mois de septembre une fois par semaine mon travail consiste aussi à écrire des choses et à venir les dire sur un plateau de télévision, avec tout l'humour et l'esprit dont je suis capable. Depuis hier, depuis que l'humour et la liberté ont été pris pour cible, cet exercice me semble impossible. Et pourtant quelque chose au fond de mon cœur me dit qu'il faut le faire, qu'il faut écrire, boire et chanter (chanter, avec modération, bien sûr !). Pour continuer de rire. Parce que Dieu merci – Dieu ou franchement quelqu'un d'autre merci –, exploser de rire peut parfois faire plus de bruit qu'une bombe ou qu'une balle de fusil.

Parce qu'écrire, boire, chanter et dessiner, c'est vivre. Et que ce sont de jolis verbes. Alors que tirer, s'armer, tuer, s'enfuir, décimer, en grammaire, on appelle ça « des verbes de merde ».

Alors, monsieur Cohn-Bendit, l'exercice qui est le mien au sein de cette émission, je vais quand même tenter de le faire aujourd'hui, peut-être pas très bien – peut-être trop ému – devant et avec vous, vous qui êtes un symbole de cet esprit dont je suis un héritier et qui a été attaqué en pleine tête mercredi matin. Pour que la fantaisie, la dérision, la caricature, l'ambiguïté, l'irrévérence, la poésie, bref tout ce qui échappe aux barbares triomphe. Sinon je me tais et je pleure, et j'ai peur. Et si j'ai peur, je perds.

Daniel, vous naissez en 1945 à Montauban, dix petits mois après le débarquement de Normandie, ce qui ne constitue pas là l'acte le plus courageux de votre carrière politique, d'un papa

Erich et d'une maman Herta (qui a donc le goût des choses simples), tous deux réfugiés en France pour échapper au régime Dukan (ou nazi je ne sais plus). Vous passez votre enfance et votre adolescence entre la France et l'Allemagne, enfin pas pile entre la France et l'Allemagne, vous restez pas vingt ans comme un idiot à la frontière, vous faites des allers-retours entre Francfort et Nanterre. Nanterre, qui sera le théâtre de vos premières étincelles de gloire, Dany, c'est à Nanterre que le rouge vous monte aux joues. À vingt-quatre ans, vous devenez un des leaders charismatiques de la révolte de Mai 68.

Cette photo fait le tour du Monde.

(Célèbre photographie de Daniel Cohn-Bendit qui sourit à pleines dents à un policier.)

Du Monde et des cabinets d'orthodontie.

Ce jour-là, Daniel, vous entrez dans l'histoire. Le CRS à qui vous souriez aussi rentre dans l'histoire mais de dos, dommage.

Vous avez dû croiser ma maman à l'époque. Vous vous en souvenez pas ? Une femme avec une tunique à fleurs, un turban orange et des sabots… Ben y en avait quand même pas dix mille ! Elle fumait des pétards avec mon père. Mon père, lui, vous vous en souvenez ? Vous avez couché avec lui, et quatorze autres personnes. Oh vous êtes dur ! Moi on m'a dit que vous étiez tout le temps fourrés ensemble…

Nous sommes donc en mai 68, et s'ensuivent des mois un peu chahutés, vous n'êtes pas très assidu aux cours, vous êtes un peu turbulent. Quand cette pauvre Mme Alberny, qui est alors votre prof d'éco, vous demande quelle est la monnaie du Danemark, vous répondez : « Le droit français est la vaseline des enculeurs du peuple. » Ben je suis pas fort en éco, j'ai fait L, mais j'ai l'impression que c'est pas du tout la bonne réponse ! C'est hors-sujet, non ? Oui ben résultat, c'est le conseil de discipline. La punition est sévère : copier cent fois la phrase : « Je ne jouis pas sans entraves dans les couloirs de l'établissement. »

C'est un drôlement joli verbe aussi « Jouir », ça rappelle de bons souvenirs. Comme « Rire », comme « Rêver ». Comme « Honorer » ou comme « Charber », « Cabuir », « Tignouser », et « Wolinskir. » Ce sont de grands verbes insolents et courageux. Qu'il faudra continuer de conjuguer encore longtemps, à tous les temps et à tous les modes de l'indicatif, du conditionnel, du subjonctif. Et de l'utopique.

18 janvier 2015

Frédéric Mitterrand, ancien ministre de la Culture

Bonjour !

(À Maïtena :) C'est le vrai Frédéric Mitterrand ? C'est pas son Guignol de l'Info ? Vous avez vérifié, y a personne dedans ?

Non mais parce qu'on s'est déjà fait avoir, Karl Lagerfeld, souvenez-vous, on était tous très contents, et en fait c'était un bout de caoutchouc avec Laurent Gerra dedans.

D'ailleurs moi je ne suis pas vraiment imitateur mais sachez que j'ai un tout petit répertoire de trois imitations que je fais… alors bien sûr pas dans le cadre d'établissements culturels ou de galas du rire, mais plutôt dans le cadre de beuveries avec mes copains intermittents, au sein d'un jeu qui s'appelle « J'imite mal mais j'm'en fous ». Eh bien, chaque fois qu'on y joue, je vous fais Frédéric. Avec aussi Maurane et Alf. Je vous imite mal mais je m'en fous. *Un temps.* Et vous aussi visiblement…

(Avec une voix très approximative de Frédéric Mitterrand :) Frédéric Mitterrand, bonsoôôôôar !

Frédéric, vous êtes le neveu d'un homme politique d'envergure dont vous préférez qu'on taise le nom. C'est donc entendu, pour plus de discrétion je vous appellerai Frédéric Mitais-toi !

Frédéric Mitais-toi, vous êtes né le 21 août... *(Il s'interrompt et soupire :)* 21 août... Ça fait mal au cœur de penser au 21 août quand on est le 18 janvier. En général, je suis cul nu sur un rocher le 21 août, pas vous ? Vous êtes pas cul nul vous, Maïtena ? Frédéric, vous êtes cul nu ?! Vous naissez donc un 21 août, comme Philippe Auguste ou Patrick Juvet dont vous êtes une parfaite synthèse, je trouve.

Vous passez votre enfance dans le XVIe, et je suis embêté parce que ma connexion Internet a planté avant que je sache s'il s'agissait du siècle ou de l'arrondissement. Chacun se fera donc son propre avis.

Une enfance que vous passez vipère au poing, dans l'ombre d'une domestique Folcoche qui vous bat. Alors qui ne vous bat pas aux dés ou aux dames (vous aimez pas ça non plus... les dés !), non une domestique brutale et méchante qui vous bat tout court.

Et permettez-moi de vous dire que je trouve que ça en dit long sur vous. Ça en dit quoi ? Long.

À vingt-quatre ans, vous rachetez des salles de cinéma dans tout Paris, et vous devenez le patron dandy, cinéphile, cigarophile de tout un réseau de salles de cinéma dans lesquelles vous optez pour une programmation pointue, exigeante : Pasolini, Marguerite Duras, Kurosawa, Max Boublil, j'en passe et des meilleurs. Des meilleurs comme vous par exemple, qui réalisez, en 1981, un très beau premier film *Lettres d'amour en Somalie*, le récit de votre folle passion avec Bernard Kouchner.

C'est un beau film, c'est un très beau film, vraiment. *(À Maïtena :)* Je ne l'ai pas vu ! Mais je trouve que ça ne se fait pas de le dire aux invités...

Et puis commencent ensuite vos années télé, vous devenez très vite une star, d'abord sur TF1, avant d'être viré en 1988 au motif de « c'est le nez ou c'est la voix là on comprend pas », puis sur Antenne 2. Et, en 1990, vous obtenez un Sept d'or. Classe ! Un Sept d'or que vous revendez à Gérard Holtz. 13 francs.

Et puis, finies les paillettes, finis les vestes colorées et les foulards de soie, en 2009, vous sautez à pieds joints dans un costume à la coupe droite, très droite, et vous devenez ministre de la Culture de Nicolas Sarkozy.

Ce jour-là, on recense un séisme de magnitude 38,5 à Jarnac et un encéphalogramme tout plat rue de Valois. « Allô Tonton, pourquoi tu tousses ? » Cette parodie du fameux sketch de Fernand Raynaud fait se tordre de rire la France entière. Un Mitterrand sous Sarkozy, il faut être souple ! Et c'est vrai que l'image – toute gay-friendly soit-elle – était un peu confuse. On n'a pas bien compris à l'époque, et en fait c'était une question de syntaxe. Vous n'étiez pas ministre de la Culture sous Nicolas Sarkozy, vous étiez ministre de la Culture DE Nicolas Sarkozy. Ministre de la Culture de Sarkozy, un job à mi-temps qui vous laisse tout le loisir de relire Modiano, d'écrire, de rouler en scooter dans Paris, de voyager en

Tunisie ou d'être mélancolique. Car vous êtes un homme profondément mélancolique. D'ailleurs, si on enlève 5 lettres à Mitterrand et qu'on rajoute un c, un i, un o et deux l, on obtient… Mélancolie. Vous ne me ferez pas croire à un hasard.

25 janvier 2015

Bernard Kouchner, médecin et homme politique français

Il arrive avec un essuie-vitre et un chiffon, et il passe un coup sur la table…

Ben oui, mais c'est pas toujours nickel nickel, en plus je vous signale que le gars est médecin à la base, donc si on pouvait recevoir les gens dans un environnement stérile (et puis, si ça pouvait nous éviter de passer pour des sangliers).

(À Cyrille Eldin :) Cyrille, tes mains ! Mais si, tu touches tous les hommes politiques, on ne sait jamais où t'as mis tes doigts, t'as déjà refilé la chtouille à la moitié de l'équipe.

Bon alors Bernard Kouchner, c'est qui ? Levez la main ! C'est vous, ben non, c'est pas possible, vous avez soixante-quinze ans normalement. Mais ! Vous faites plus jeune que moi, c'est pas normal ! Vous êtes Hibernatus en fait, ou alors vous êtes un saint, Bernard. On dit que les voyages forment la jeunesse, ils la conservent pas mal aussi visiblement… Bravo !

Alors HiBernardtus, je voudrais juste revenir sur un petit quelque chose, l'été dernier vous proposiez de bannir le terme « euthanasie » au profit d'un mot plus doux, qui évoque moins le troisième Reich nazi. Dans un premier temps je n'étais pas d'accord, je me suis dit : il est gonflé, « Bernard Kouchner » ça sonne pas tellement mieux, ça n'évoque pas une sexualité très apaisée... Et puis je me suis dit que vous aviez raison, et je voulais vous proposer le mot « euthanadoux », j'ai vu ça avec l'Académie, c'est réglé, c'est validé. Voilà, maintenant, j'attends de pied ferme vos suggestions pour rebaptiser la soupe Miso, qui sonne pas terrible non plus.

Bon alors il y a beaucoup de choses dans votre biographie, M'sieur Kouchner, beaucoup trop, c'est trop long, moi j'ai pas tout lu... C'est trop long, comment ça se fait que c'est si long ? Vous n'êtes pas Mandela, faut pas exagérer. C'est le bazar, on comprend rien, on ne sait même pas si vous êtes de droite, de gauche, si ça dépend du temps qu'il fait...

En plus, la plupart des pays que vous avez visités, on ne les connaît pas : le Kosovo, le Sud-Soudan, le Biafra ! Qu'est-ce que c'est que ça, le Biafra, on dirait un truc contre les brûlures d'estomac ?!

Franchement, Bernard, c'est un peu puéril d'inventer des pays juste pour gonfler votre CV. Vous n'êtes pas Mandela et puis vous n'êtes pas Tintin non plus : Kouchner au Tibet d'accord, Kouchner au Congo, je veux bien, Kouchner et le secret de la licorne, passe encore, On a marché sur Kouchner, bon ça, c'est rigolo. Mais Kouchner et les Picaros, là non ! Franchement, Maïtena, je me demande si on n'est pas en train de recevoir le plus grand mythomane de tous les temps. Si ça se trouve il passe ses journées sur un parking, comme Jean-Claude Romand.

Bon donc moi je me suis focalisé sur un seul aspect de votre biographie, Bernard, c'est votre formation de gastro-entérologue. Qui éclaire beaucoup de choses dans votre parcours, à commencer par les sacs de riz, bien sûr.

Vous connaissez l'appareil digestif sur le bout des doigts (la formule est peut-être pas très heureuse... surtout à l'heure du repas), et c'est ce qui aura facilité votre carrière diplomatique puisque l'appareil politique français fonctionne – à peu de chose près – comme l'appareil digestif. Voyons les schémas pour mieux fixer les idées. *(Il montre deux schémas.)* À droite l'appareil digestif, à gauche l'appareil politique. Vous voyez, franchement c'est quasi la même chose. C'est pour ça que parfois on confond. Quand les politiques nous gonflent, en fait c'est des ballonnements, c'est tout.

C'est l'appareil digestif humain, évidemment. Celui du chamois ressemble davantage au système politique anglais, avec la chambre des lords, tout ça... Non là c'est l'appareil digestif humain, j'en ai pris un au hasard, là en l'occurrence c'est celui de, ben de Christine Ockrent justement ! Coucou, Christine !

Bernard, en tant que gastro-entérologue, vous avez fait des prodiges, mais bizarrement vous communiquez moins là-dessus, je ne sais pas pourquoi, comme si ça contrastait trop avec l'image du baroudeur sexy qui globe-trotte aux quatre coins du monde. En février 1976, vous réalisez notamment une très belle endoscopie digestive de Mme Chiressi. C'est super ça. Si on peut montrer l'endoscopie de Mme Chiressi ? *(Une endoscopie, peu ragoûtante, apparaît à l'écran.)* Voilà, bonjour, madame. Alors, chers téléspectateurs, la bonne nouvelle, c'est que vous pourrez retrouver toutes ces photographies dans un très beau livre, que vous signez, Bernard, et qui est à paraître la semaine prochaine chez Michel Lafon, sous le titre *Mémoires de l'intérieur*. C'est ça votre actu, je ne sais pas pourquoi personne n'en parle…

1er février 2015

Michel Sapin, ministre des Finances et des Comptes publics

Bonjour mon beau Sapin, roi des finances, que j'aime ta… tonsure (je ne connais pas bien les paroles, pardon).

Alors je vous préviens, cette bio a été écrite avec le concours de mon oncle Didier qui est pépiniériste dans l'Hérault. Parce que moi je n'y connais que couic en arbres. En finances, pareil, que couic, mais je n'ai pas d'oncle dans la Finance… (Puisqu'il est dans l'Hérault, vous suivez ?)

Parce qu'évidemment votre patronyme donne envie de plaisanter, Michel, ça donne par exemple envie de vous demander : « Tiens, mais… qu'est-ce que ça sent ? » Au début je voulais même arriver avec une tronçonneuse pour couper votre tabouret mais Vigipirate oblige, on m'a dit que je risquais de me faire taser par votre service d'ordre. Du coup, j'ai eu les boules. Mais pas les vôtres ! (Elle est facile mais c'est bien de la faire, pour être connivent. Et non pas : « C'est bien le vent pour les conifères », qui pour le coup a du sens aussi.)

Vous savez que la chaîne voulait même installer un petit sac en plastique sous votre prestigieux séant, pour pas que vous nous mettiez des épines partout, mais je m'y suis opposé fermement, j'ai dit : « L'esprit Canal a des limites que la limite... ne saurait... » bon, et puis j'ai pas su finir ma phrase.

D'autant que ça n'est pas si mal comme nom Sapin, c'est un arbre qui a un capital sympathie très fort dans le cœur des Français, ça rappelle la neige, les enfants aiment bien. Alors que la Finance, les enfants détestent. Comme François Hollande qui déclarait pendant la campagne de 2012 que la Finance était l'ennemie. Bon, et depuis il a grandi, comme tous les enfants. C'est un peu triste.

C'est un monde austère la Finance. C'est vrai, il est impitoyable, votre univers. C'est pas de votre faute, monsieur Sapin, vous êtes plutôt bonhomme avec un côté Bernard Blier qui est sympa... Mais c'est la fonction qui donne franchement envie de mourir. Sur l'échelle de l'austérité, tout en haut y a faire un régime sans sel dans un monastère en tête à tête avec Isabelle Huppert, et juste en dessous : être ministre des Finances et des Comptes publics.

Pourtant, vous n'étiez pas destiné à tant d'austérité. Quand on regarde vos racines, M'sieur Sapin... on voit que vous naquîtes à Boulogne et grandîtes dans le Berry, donc vous n'étiez pas précisément parti pour vous marrer non plus, mais si on regarde votre sapin généalogique on y voit des bourgeois dont deux gardes du corps du roi sous la Restauration et un apothicaire à Elbeuf, par lequel vous descendez du roi Philippe III le Hardi ! Eh ben ! C'est le scénario des *Visiteurs 4*, ça, c'est fun !

L'adolescence non plus n'a semble-t-il pas été austère puisqu'en 2012 vous avez déclaré au sujet de François Hollande, rencontré au service militaire : « Il avait déjà une qualité exceptionnelle. On a passé de nombreuses nuits ensemble sous la tente. François était très endurant, et moi aussi. » Si ça, c'est austère, j'en veux bien à tous les repas de l'austérité, moi !

Bon et ensuite, la vie vous a rendu plus grave, plus sérieux. Il faut dire que vous avez affronté des crises complexes : monétaire en 92, conjugale récemment, sans compter les crises d'Emmanuel Macron qui jalouse votre amitié avec Hollande… La crise du logement, en revanche, vous êtes à l'abri puisque vous possédez, d'après votre déclaration de patrimoine, une maison dans l'Indre, des propriétés agricoles, un appartement à Paris, une maison en Savoie, une autre sur l'île d'Yeu, un bateau et même une jolie collection de *pin's* parlant, qui vous vaut d'ailleurs le surnom de Michel Sa*pin's* ! Preuve supplémentaire que vous êtes un type incroyablement festif, mais corseté dans une fonction pas marrante du tout. Mais vous êtes rigolo ! D'ailleurs, vous êtes la version imberbe de Robert Hue, et ça, c'est rigolo, Robert Hue.

Au prochain remaniement, si vous sautez, vous pourrez laisser exulter tout votre humour et toute votre fantaisie, et vous trouverez – j'en suis sûr – un boulot dans une boutique de farces et attrapes. Je ne me fais pas de souci, monsieur Sapin, vous saurez vous rattraper aux branches.

15 février 2015

Jérôme Lavrilleux, directeur-adjoint de la campagne présidentielle de Nicolas Sarkozy en 2012 et fusible dans l'affaire Bygmalion
Hervé Falciani, ex-informaticien de la banque HSBC, lanceur d'alerte

Confidence de l'auteur : Cette bio est un peu particulière. Je n'avais pas envie de m'acharner sur Jérôme Lavrilleux, que l'on avait déjà vu en larmes sur BFMTV, ni de m'intéresser à Hervé Falciani. J'avais plutôt besoin de témoigner des tristes effets que tous ces scandales politiques et financiers avaient sur moi. Intitulée « L'enfance de Vincent Dedienne », cette bio (qui est en fait une nécro) est – je crois – ma préférée de ces deux saisons au Supplément.

Cette semaine, une bio interdite un peu particulière puisqu'elle est posthume. Quelqu'un est mort, piétiné par une meute de grands garçons, et deux d'entre eux sont sur ce plateau aujourd'hui. Bonjour, messieurs.

Voici donc la Nécro interdite de l'enfant que je ne suis plus. Oui, Maïtena, je me suis aperçu avec chagrin cette semaine que mon enfance était définitivement morte. Vous avez eu raison d'elle, à grands coups d'actu. Comme on le dit avec beaucoup de poésie sur Facebook : RIP moi ! Cela faisait quelques années déjà qu'elle était mal en point mon enfance, faut être réaliste : j'ai eu vingt-huit ans il y a quelques jours, ça fait dix ans que je me rase, je n'ai plus tellement d'acné ni de pyjama rigolo, mes poils ont poussé – d'une façon désordonnée mais ils ont poussé –, j'écoute toujours Anne Sylvestre mais c'est désormais son répertoire pour adultes que je connais sur le bout du cœur, j'ai des relations cordiales avec les commerçants de mon quartier (qui disent en me voyant « Oh regarde c'est le type qui fait de la télé chez Maïté là, Vincent Galienne ! »), j'ai toute une gamme de cartes de visite et de fidélité dans mon portefeuille, je suis capable de prononcer des phrases comme : « Vous pourriez faire un geste commercial, madame », ou « Non s'il vous plaît, monsieur, je suis déjà hyper en retard ! », je sais épeler les mots concupiscence et anulingus, j'ai eu des expériences sexuelles subversives, à 2, à 3 à 54 (un seul de ces chiffres est faux !), j'ai été assis à la même table que Jacques Attali, j'ai rencontré mes idoles, Muriel Robin et François Rollin. Je n'ai pas pu rencontrer Marguerite Duras, Barbara et Hervé Guibert, car ils ont eu le mauvais goût de mourir avant, mais j'ai rencontré des gens qui les avaient connus, je commande des digestifs à la fin de mes repas, j'ai fait des voyages, des études, des réunions, des verrines à l'apéro, j'ai même fait une thalasso. J'ai arrêté de fumer, j'ai repris, re-arrêté, j'ai brisé des cœurs, j'ai recollé le mien, plusieurs fois. Et puis surtout, surtout, j'ai compris l'affaire Bygmalion !

Avant, on disait que l'on devient adulte quand on perd sa virginité et ses illusions, maintenant on dira que l'on devient adulte quand on perd sa virginité, ses illusions et que l'on comprend l'affaire Bygmalion.

Quiconque a compris cette affaire n'est pas plus enfant que Jean-François Copé n'est danseuse nue dans un cabaret pour arrondir ses fesses et ses fins de mois.

Et donc moi ça y est, pour potasser votre bio, monsieur Lavrilleux, je me suis renseigné et j'ai malheureusement tout compris. Je crois que j'aurais préféré me faire arracher un à un les poils du nez par un grand Yougoslave énervé, plutôt que de le fourrer dans tout ce linge sale.

Parce que, en quelques minutes, j'ai pris vingt ans.

C'est pour ça que je vous en veux terriblement, monsieur Lavrilleux, Je vous en veux comme j'en voudrais à Walt Disney de revenir à la vie pour annoncer en larmes sur BFM qu'en vrai Mary Poppins deale du crack dans les couloirs du métro ou que la Belle et la Bête en vrai ne peuvent pas se piffer, que c'était juste une opération marketing.

Je vous en veux aussi, monsieur Falciani. Je vous en veux de nous mettre sous le nez l'évidence que les adultes sont brutaux et décevants, quand ils ne sont pas crapuleux.

Quand j'étais encore un enfant, il n'y avait pas des mots comme Swissleaks, il n'y avait pas d'acronymes, pas de DSK ni d'HSBC. La fraude fiscale pour moi, c'était quand Mme Soboul, l'épicière de mon village, me donnait deux meringues pour le prix d'une, en clignant de l'œil, l'air de dire : « J'ai pas tellement le droit de le faire, mais bon, tu dis rien à ton père... » Pour moi, les adultes étaient des gens rigolos comme Bourvil et de Funès, ou gentils comme Mme Soboul ou dessinés comme Nicky Larson. C'était pas des cyniques pleins de pognon ou des gros pleins de soupe et de pouvoir.

Je ne sais pas si j'aurai un jour des enfants, je ne suis pas sûr d'être très doué pour ça, je ne sais pas comment ça s'arrose ni à quelle fréquence, mais si j'en ai je leur dirai : les adultes sont moches, mes chéris. Moches moches moches moches moches ! Ne comptez pas trop sur eux !

Voilà, c'était la bio posthume de mon enfance, j'aurais pu faire la vôtre, Jérôme, celle de votre enfance envolée. Parce que s'il existait encore le petit Jérôme de Saint-Quentin, il n'aurait sans doute pas accepté ce contrat avec Bygmalion, il n'aurait pas cherché à protéger ses amis, et puis je crois qu'il n'aurait même pas cherché à grimper les échelons politiques. Il n'aurait jamais cherché à se rapprocher du pouvoir. Les enfants n'aiment pas ça le pouvoir, c'est peut-être pour ça qu'il faudrait le leur donner.

22 février 2015

Jean-Christophe Cambadélis, premier secrétaire du Parti socialiste, ex-vice-président du Parti socialiste Européen, ex-conseiller de Paris et ex de Charlotte de Turckheim

Confidence de l'auteur : Celle-ci, j'ai eu le sentiment de l'avoir complètement ratée et d'avoir déroulé mon texte devant un Cambadélis sidéré et un public très très circonspect. Je pense qu'il était encore un peu tôt dans l'année pour écrire un texte si décalé et si absurde.

Mais il faut dire à ma décharge que j'avais été assez peu inspiré par ce monsieur, qui me semblait bien beige et dont ni la vie ni l'actualité ne m'avaient passionné…

(Et puis il faut dire aussi que j'aime vraiment ça, l'absurde ! Presque autant que les chaussettes au chocolat…)

Bonjour, monsieur Cambadélis, vous êtes le vingtième invité de la saison, le vingtième biographé et pour l'occasion, Canal + et moi-même sommes heureux de vous offrir *(Il lui tend les cadeaux.)* un dragibu (qui aurait appartenu à

Jean Jaurès !), un abonnement d'un an à Kiloutou et un sublime marcel taille S, qui convient bien par exemple pour des travaux d'aménagement (type terrasse) ou pour des promenades sexy en centre-ville. Je me suis permis de dormir avec cette nuit pour lui donner une petite plus-value sentimentale.

En revanche, j'ai un souci, monsieur Cambadélis, c'est que vous vous appelez Jean-Christophe. Ça m'embête, je suis un peu réfractaire à ce prénom. J'avais un prof de gym complètement tyrannique qui s'appelait Jean-Christophe et par conséquent c'est un prénom que je trouve agressif. Jean-Christophe ! Y a la notion de « prends une douche collective et fais-toi moquer sur ta condition physique » derrière Jean-Christophe.

Je préfère donc, si vous n'y voyez pas d'inconvénient, vous appeler Chantal, que je trouve plus doux. Et qui me rappelle ma nounou, qui s'appelait Patrick.

Bon alors votre bio…

En revanche, Cambadélis c'est cool comme nom ! C'est vrai. Cambadélis… Ça sonne bien. On dirait du Francis Cabrel. *(Avec l'accent.)* « Cambadélis dans les ruisseaux ».

Bon alors votre bio…

Cambadélis, ça donne envie de se promener main dans la main en amoureux dans un sous-bois frais et chamarré quelque part dans les Deux-Sèvres. Vers Gournay par exemple. Ou aux abords de Pougne-Hérisson, si les travaux sont finis sur la départementale, sinon c'est pas la peine. D'ailleurs je ne sais pas si vous avez des connexions du côté de Pougne-Hérisson, mais là il faut absolument faire quelque chose, parce que pour se garer, c'est l'enfer à Pougne-Hérisson ! Les Pugnaciens n'en peuvent plus, monsieur Cambadélis, il faut les comprendre. Alors bien sûr on trouve toujours un peu de place devant le Chiquito, mais les jours de marché c'est… *(Il s'interrompt.)* Oui, ben vous me regardez avec des yeux genre « j'y suis pour rien », mais vous êtes un responsable politique, oui ou crotte ?

Bon alors votre bio…

« Pougne-Hérisson », c'est rigolo comme nom aussi. Vous savez ce que ça veut dire « pougner » en Suisse ? Ça veut dire « tricher ». Tricher à un jeu, au Memory par exemple. Ou au Pousse-Moi-Donc, qui est un jeu que j'ai inventé, et qui se joue uniquement les jours fériés sur des parkings de centre commercial. C'est super : on fait deux équipes, une équipe de 3 et une équipe de 19 et on lance des ramettes de papier et des agrafeuses… Bon, après j'ai pas encore tout à fait trouvé le but du jeu, mais je bosse…

(Il regarde Cambadélis dont il semble ne plus se souvenir…) Qu'est-ce que… qui êtes-vous ? Ah oui ! La bio ! Alors première question : pourquoi quand on tape Cambadélis sur Internet on tombe sur des vidéos de Canadiens complètement bourrés qui font de la luge en slip kangourou ? Vous avez un rapport avec les sports de glisse ? Ou avec

l'industrie de la lingerie masculine ? Bon ben, c'est un mystère…

Alors vous êtes né le 14 août 1951 et ça, c'est vraiment nul ! Pas que vous soyez né, ça, c'est bien pour vous, ça vous a aidé dans la vie. Non, le 14 août 1951, c'est nul comme jour. À part vous, il ne se passe rien. J'ai désigné le 14 août 1951 date la plus molle de toute l'histoire du Monde. C'est la Saint-Eusèbe en plus le 14 août. Personne ne s'appelle Eusèbe, il n'est pas question de s'appeler Eusèbe ! Y a même un dicton qui dit *À la Saint-Eusèbe, ponte de poule faible. (Il soupire.)* Ça me colle un cafard, ce 14 août.

Vous êtes donc faiblement pondu à Neuilly le 14 août 1951, d'un coq tailleur de diamant en Grèce, et d'une poule employée à la banque de France. Une famille qui n'aime pas trop l'argent, donc.

Enfant, vous étiez dyslexique. Et aujourd'hui, vous parvenez à dire le mot « dyslexie » ? Et « dyslexie lexicale » ? Et « la dyslexie lexicale d'Alex Lutz est excellente sous Lexomil », vous arrivez à le dire ? Bravo.

Étudiant vous avez été trotskiste, puis vous avez roulé des pelles à Charlotte de Turckheim, pour finir premier secrétaire du PS. Parcours classique. Voilà.

(Il ne sait plus quoi dire.) Sinon financièrement, ça va ? Vous partez un peu pour Pâques ?

Faudra venir dîner un soir, avec votre épouse, ce serait sympa. *(Il oublie où il est.)* Moi les bios, ça va. Oui oui, ça se passe bien. Enfin ça dépend des invités, y a fatalement des invités beaucoup moins inspirants que d'autres. Non, ce qui n'est pas facile la plupart du temps, c'est de conclure. Trouver une chute, c'est un peu compliqué. *(Il quitte petit à petit le plateau.)* Ce que je fais dans ces cas-là, c'est que je pars discrètement, sur le côté, comme ça. Souvent les gens ne se rendent même pas compte que je suis parti. Des fois, ils ne se rendent même pas compte que j'étais là, c'est plus vexant…

8 mars 2015

Rémy Pflimlin,
ex-président de France Télévisions

Maïtena, le monsieur rigolo à ma gauche, c'est le patron *que* de France TV ou c'est aussi un peu notre patron à nous ? C'est pour savoir si je lui offre la boîte de chocolats, le coupé sport et le voyage aux Seychelles ou si ça ne sert à rien ?

Bonjour, Rémy Pflimlin. Alors qu'est-ce qu'il s'est passé avec ce nom ? Y a beaucoup trop de consonnes, on dirait que vous n'avez pas su choisir : « Bon Rémy, il nous reste du p, du m et du f, qu'est-ce qui vous ferait plaisir ?

— Tout, mettez-moi tout.

— Ah bon, mais dans quel ordre ?

— N'importe, je me débrouillerai…

— Bon ben : Pflimlin.

— À vos souhaits. »

Jean Cocteau disait (de moi des choses très agréables et très exagérées) et de Marlene Dietrich qu'elle avait « un nom qui commence comme une caresse et finit comme un coup de cravache », eh bien vous, c'est un peu l'inverse. Vous êtes l'inverse de Marlene Dietrich. C'est-à-dire que si on vous retourne, eh bien… on s'aperçoit que… ma phrase est très mal engagée…

Rémy, vous êtes né à Mulhouse la veille de John Travolta ! Je le sais parce que dans une émission de télé américaine, un chroniqueur a dit à Travolta : « John, vous êtes né le lendemain de Rémy Pflimlin. John, you were born the lendemain of Rémy Pipeline, the rigolo monsieur of the service public in France », donc j'en ai très logiquement déduit que vous étiez né la veille de Travolta. Ce qui explique que vous ayez à ce point la fièvre du vendredi soir et que vous portiez si bien le costume Disco Fever trois-pièces.

Comme tous les petits garçons, vous êtes né dans un chou, dans les cuisines d'une taverne alsacienne. Une naissance royale avec supplément jarret, puisque vous êtes le petit-neveu de Pierre Pflimlin, ancien président du Conseil de la IVe République, et le cousin d'Étienne Pflimlin, ancien président du Crédit mutuel. C'est dire si chez les Pflimlin on est président ou rien ! Être directeur ou directeur adjoint, c'est la honte chez les Pflimlin. « L'archouma », comme on dit en Alsace.

En 1999, vous devenez directeur général de France 3. Votre mission : délivrer la chaîne de son image vieillotte, et pour ça vous employez les grands moyens : *Plus belle la vie*. *(Il chante un peu le générique.)* « On n'est vraiment rien sans elle » (sans la vie, on n'est rien… c'est pas faux, merci France 3 !) C'est vous qui êtes le patron pendant l'ère triomphale d'Évelyne Thomas ! Toute mon adolescence ! Des émissions mythiques, dont je me souviendrai toute ma vie, comme de mon premier baiser, ou comme de ma première pipe plutôt, tant les thèmes étaient racoleurs :

« J'ai dix-sept ans, quatre enfants et une demi-douzaine d'herpès congénitaux », « Je pèse l'équivalent d'un camion-citerne et ma sœur siamoise est un fox-terrier. » Avec des témoignages parfois bouleversants : « J'ai perdu mon pass Navigo et depuis j'essaye de me reconstruire. » Attention, il y avait aussi des choses moins trash ! Notamment : « Je suis nonagénaire et j'exhibe mon micro-pénis sur Internet. »

Le 22 août 2010, vous êtes nommé patron de France Télévisions par le président de la République de l'époque, Nicolas... Je ne me souviens plus du nom, un autre petit monsieur rigolo. À l'époque, il hésite entre plusieurs candidats : Alexandre Bompard, qui fait plutôt dans le cachemire, Patrick de Carolis, qui fait dans le nettoyant-javel tout sol. Et vous, qui faites plus ou moins dans la dentelle. Aujourd'hui, vous vous dites intéressé par votre propre succession. Alors je profite de vous avoir sous la main, j'ai deux petites requêtes à vous adresser. Si vous y répondez favorablement, vous êtes assuré d'avoir mon vote et celui de tous les hurluberlus dans mon genre : ma première requête concerne *Les Z'amours*, vous savez, ce jeu où des couples viennent se taper dessus quand l'un des deux ne sait pas répondre que c'est la banquette arrière de la Volvo l'endroit le plus insolite où ils ont fait l'amour et que par conséquent il leur fait perdre le séjour pour deux en demi-pension à Créteil-Préfecture, et où l'animateur imite encore des gens comme Jacques Chaban-Delmas. Bon, eh bien ma requête est simple : est-ce qu'on peut arrêter cette émission définitivement ? Parce que c'est bon, on en a bien profité je trouve. Alors si vous pouviez la déprogrammer avant que je prenne la décision de ne plus jamais être amoureux de toute ma vie, je vous en serais infiniment reconnaissant.

Et ma deuxième requête : relancez *Qui est qui ?* Steuplè steuplè ! On remet la main sur Marie-Ange Nardi et on relance *Qui est qui ?* C'était si bien, c'est toute mon adolescence, ça aussi. Ben oui, Maïtena, mon adolescence c'était pas fumer des pétards avec les copains sous un arrêt de bus en buvant du Banga, c'était stimuler mes premières érections devant Pépita et essayer de deviner si c'était plutôt Jean-Luc l'éleveur de grillons et si Marie-Jeanne avait plutôt la tronche d'une expert-comptable ou d'une fan de C. Jérôme.

Je ne vous frotte pas le ventre comme une lampe magique, mais si vous exaucez mes deux vœux, je pars en campagne avec vous !

Bon dimanche !

15 mars 2015

François Bayrou, homme politique français, patron du Modem

François, je vous souhaite la bienvenue dans votre bio interdite, simplement attention, cher François, m'interrompre au cours de cette bio est susceptible de vous faire perdre jusqu'à 20 % d'intentions de vote à la prochaine présidentielle, je sais pas si vous pouvez vous le permettre !

François, vous êtes donc le fils légitime de Nathalie Baye et de Guy Roux, dont vous avez gardé les deux noms (François Bayrou, qui est d'ailleurs l'anagramme de « Farcir son boyau », une anagramme qui vous prive bêtement de tout l'électorat vegan).

François Bayrou, vous êtes originaire des Pyrénées-Atlantiques, comme Didier Deschamps – qu'on embrasse – dont vous avez l'esprit combatif ou comme la poule au pot, dont vous avez l'esprit heu… qu'on embrasse. Vous êtes né dans un petit village qui porte le nom de Bordères. Sur votre site on peut lire : « Jamais, il n'envisagera d'abandonner ce village, car il sait que plus profondes sont les racines, plus fort sera l'arbre et plus beaux seront les fruits. » C'est Hugues Aufray, votre webmaster ?

À dix-neuf ans, vous vous mariez avec Babeth, rencontrée au Resto Robert-U. La scène est digne des meilleures comédies romantiques. Vos mains se frôlent sur la dernière assiette de poireaux-vinaigrette, vous demandez du rab de frites, elle est chavirée par votre audace, vos regards se croisent à la pompe à mayonnaise, vous fondez l'un vers l'autre avec l'élan romantique des jeunes amants béarnais. Vous êtes amoureux !

C'est le soir de la nuit de noces, dans le lit nuptial, que vous viendra la révélation politique de votre carrière. Après une tendre nuit d'amour, Babeth, haletante et échevelée, vous demande : « Tu dors de quel côté ? », et tel l'âne de Buridan, figé, pétrifié, vous êtes incapable de choisir : heu…

— À droite ou à gauche ?

— Heu…

— À droite ?

— Ben heu…

— Bon ben à gauche ?

— Mais.

— Ben décide-toi, Franchou, on va pas dormir debout !

— Au centre !

En 2002, vous êtes candidat à l'élection présidentielle, vous faites 6,84 %, un score que je qualifierais de… *(Il pouffe.)* Je ne devrais sans doute pas vous dire ça parce qu'on entend trop souvent que vous êtes susceptible. Surtout en 2007, on disait : « Tiens il est susceptible d'être au second tour. » Et puis finalement non.

Suite à cette élection qui vous honore tout de même du titre de 3e homme, vous fusionnez avec un célèbre opérateur de télécommunication, Orange, et vous créez le Modem (le mouvement de Mocrate, du nom de Thierry Mocrate, ce compositeur de musique électro très pointu auquel vous demandez de composer l'hymne fondateur du parti, on l'écoute. *(Bruit de connexion d'un modem.)* C'est bien, c'est « frais », comme disent les jeunes.

Le 23 décembre 2007, vous êtes élu président du Modem, avec 96,8 % des voix, c'est-à-dire que seulement deux personnes n'ont pas voté pour vous, j'avais envie de vous faire plaisir, j'ai retrouvé leurs noms, je vous les donne, comme ça, vous pourrez les… ben les exécuter tout simplement.

Aujourd'hui, François, tout le monde s'accorde à le dire, vous êtes bien dans votre peau, dans votre bonne vieille ville de Pau, dont vous êtes le maire. Vous êtes maire de Pau. Non, c'est pas vulgaire, Maïtena, c'est sa fonction officielle, « maire de Pau ».

Pau qui est jumelée depuis 1983 avec une chanson de Barbara, Göttingen. *(Il se met à chanter :)* Bien sûr, ce n'est pas la Seine, ce n'est pas le bois de Vincennes, mais c'est bien joli tout de même, Pau.

François, vous êtes un élyséen têtu. Pourtant, malgré votre prénom infiniment présidentiel, la responsabilité suprême semble toujours vous échapper. Même sous la plume anticipative et polémique de Michel Houellebecq, en 2022, vous n'êtes que Premier ministre. Alors vous savez quoi, sous ma plume à moi, bon elle vaut ce qu'elle vaut, mais moi j'écris qu'en 2027 vous serez enfin président de la République à perpétuité, notamment grâce à un album de reprises des chansons de Jean-Jacques Goldman qui vous fera définitivement entrer dans le cœur de tous les Français. On prend les paris ?

5 avril 2015

Anne Hidalgo, maire de Paris

Bonjour, Maïtena. Je vous ai manqué la semaine dernière ? Et est-ce que vous diriez que je vous ai manqué physiquement ? Je vous ai ramené un petit souvenir du Pays basque. *(Il lui tend un porte-clefs tour Eiffel.)* Ça sert à mettre des clefs, par exemple les clefs de votre nouvel appartement du 197, boulevard Saint-Germain (code B1966, troisième étage gauche).

Bonjour, Anne Hidalgo, en revanche, je suis désolé, je ne vous ai rien ramené, parce que je me suis dit : « Elle a déjà tout. »

J'ai une question : vous vous appelez Annie Dalgo ou Anhild Ago ? Ou Anida Lgo ? Ou Paul Préboist ? Comment vous vous appelez en fait ?

Annie, vous êtes née en juin 1959. L'accouchement se passe bien, on en regarde quelques images… Ah non on n'a pas les images puisqu'on me dit dans l'oreillette que vous en avez vendu l'exclusivité à NRJ 12.

Annie, vous êtes comme le laissent supposer vos cheveux ainsi que votre prénom du sexe féminin, d'ailleurs là-dessus tous les témoignages concordent (sauf un, mais qui me paraît fantaisiste).

Et c'est rigolo parce que je trouve que vous n'avez pas l'air de faire de la politique. Je vous verrais dans le bus, je ne me dirais pas : « Tiens, une femme politique. » Non, je me dirais : « Cette personne est anesthésiste. » Ou actrice ! Oui car vous avez – je trouve – le glamour des actrices de votre génération. Pour moi vous êtes entre Mathilda May et Jean-Pierre Bacri (j'ai pris une fourchette très large exprès pour que tout le monde soit d'accord).

Par contre, malgré une ressemblance phonétique troublante, vous n'êtes pas la sœur de Jeannie Longo. Non, puisque votre sœur s'appelle Mary et qu'elle vit en Californie. Une information dont 99 % des Franciliens se foutent.

Vous êtes né en Espagne, à San Fernando. San Fernando, pour vous donner une idée, Maïtena, c'est entre Lille et Johannesburg. Et vous êtes né un vendredi. Bravo ! C'est pas facile de naître un vendredi en Espagne, notamment en raison… des bouchons.

À 2,35 ans, vous quittez l'Espagne pour la France, vos parents désirant fuir le franquisme. C'est marrant j'ai l'impression que ça n'a pas plu à grand-monde ce franquisme. À part à Franco…

À partir de 1995, vous travaillez au sein d'une mission sur l'égalité femmes-hommes à Genève en Suisse. La Suisse, je le rappelle, c'est entre l'Allemagne et le Burundi.

À partir de cette année-là, votre mot d'ordre est BIT ! Bureau International du Travail, un bureau que vous proposez de renommer Bureau International du Travail Visant Une Législation Viscéralement Égalitaire, le B.I.T.V.U.L.V.E.

Le 5 avril 2014, vous devenez maire de Paris. Paris, tout le monde ne connaît pas, c'est une ville qui se situe entre Stockholm et Ivry-sur-Seine, c'est une belle ville, connue principalement pour Michou et pour ses champignons (les champignons de Paris, pas les champignons de Michou, qui ne font pas rayonner la ville). Paris, célèbre également pour ses nombreuses médiathèques, et pour son marché du samedi où l'on peut acheter notamment des… choses.

Vous êtes extrêmement ambitieuse pour votre ville Anhild, de nouveaux projets sont sans cesse à l'étude. Forte du succès des Vélib, vous étudiez notamment plein de nouvelles idées comme le Scootlib, le Poneylib, le Saumonlib qui est plus compliqué à mettre en place, le Pousselib, qui est rigolo : il s'agirait de se faire pousser par d'autres usagers jusqu'à sa destination, le Picdepollutionlib qui permet d'aller d'un point pollué à un autre à tarif préférentiel, le Patinlib, le Fiacrelib, pour un petit côté « Vieux Paris », le Rollerlib, le Piedlib et même le Michel Lib.

Pour cette phénoménale capacité à inventer un nouveau Paris, vous êtes très appréciée des Français, notamment d'Alain Delon, qui a déclaré :

« J'aime son charme, son physique, sa voix, sa façon de bouger… Une femme sensible et attirante. Chez elle, on sent l'Espagne. »

Vous êtes plus lacunaire à son sujet, puisque vous déclarez simplement : « Merci mais ne m'approchez pas ! »

Vous êtes l'une des personnalités politiques de gauche préférées des Français, ce qui n'est pas forcément un encouragement à l'action puisque les Français aiment des gens qui ne font rien, Jean-Jacques Goldman par exemple, il est en tête des classements alors que son dernier album remonte à 1845. Un récent sondage a même révélé que l'acteur préféré des Français était de Funès (dont la filmographie est quand même assez discrète depuis quelques années).

Donc faut pas vous reposer sur vos lauriers, Annie, même si c'est vrai qu'il n'y en a pas beaucoup à Paris, des lauriers.

Bon dimanche.

19 avril 2015

François Hollande, président de la République

Confidence de l'auteur : Encore un drôle de souvenir ! L'énergie du direct, l'excitation de toute l'équipe, le service d'ordre sur les dents et ce phénomène de cour que je constatais pour la première fois. François Hollande, suivi d'une meute, d'une horde de gens qui tournent à gauche quand Hollande tourne à gauche, qui serrent des mains quand il serre des mains, qui s'esclaffent quand il rigole… Quel fascinant spectacle. Quand j'étais au collège, avec ma classe d'allemand, nous étions partis une journée en voyage à Fribourg. La journée avait été en partie gâchée par la 77e rencontre franco-allemande, organisée ce jour-là dans la ville, et par l'épais système de sécurité qui entourait la présence de Jacques Chirac, Lionel Jospin et Gerhard Schröder et rendait impossible les visites de cathédrale et de musées méticuleusement prévues par Mme Dussort, la prof d'allemand.

Je n'avais donc rien vu de Fribourg ce jour-là, mais j'avais serré la main de Jacques Chirac. Et j'étais passé à la télévision, sur France 3 Alsace.

Voilà. Mais ne me demandez pas pourquoi je vous raconte tout ça !

Bonjour, monsieur le président de la Républi-j'enrevienspasdedirecettephrase ! Il faut que je vous pince pour y croire. *(Il va pour le pincer, puis se ravise.)* Il faut que je *me* pince pour y croire (j'ai failli être buté par le service d'ordre) !

Alors, François, je vais faire votre bio interdite, y en a pour deux petites minutes, si vous avez besoin d'aller aux cabinets pendant la bio, vous levez la main, et selon le temps qu'il nous reste, je vous en donnerai ou non la permission.

Monsieur le président, autant vous êtes parfaitement rompu à l'exercice du plateau télé, la seule chose un petit peu nouvelle pour vous, c'est que vous ne m'aviez encore jamais vu en vrai et que, fatalement, vos convictions hétérosexuelles les plus profondes sont en train de vaciller, autant moi, mon exercice est infiniment complexe aujourd'hui. C'est complexe et puis c'est vertigineux, d'abord parce que c'est la première fois que je rencontre un président de la République en fonction (en fonction de quoi, ça, j'en sais rien, on m'a pas dit). J'avais croisé Giscard un soir aux Bains Douches, mais il était complètement torché.

Et ensuite parce que je sens bien, monsieur, que vous êtes une frange de l'histoire, et c'est vrai, Maïtena, que ça me l'a moins fait avec Christian Estrosi ça…

Et enfin c'est vertigineux parce que je suis aux côtés du président de la République, que nous en sommes en direct et que je peux donc faire et dire absolument ce que je veux.

Par exemple, si je me lève, que je me mets tout nu devant vous et que je fais tournoyer mon sexe comme un hélicoptère, je rentre dans l'histoire… Peut-être pas par la meilleure porte !

C'est complexe de vous biographer monsieur le président, parce que depuis le 6 mai 2012, soir de votre victoire, vous n'avez pas plus de vie qu'un croque-monsieur. Au sens clinique si, mais au sens philosophique non. Vous êtes épié en permanence, le moindre de vos mouvements de tête ou de bassin est décrypté, vous ne pouvez pas faire un pas sans qu'on démine tout le quartier, ça fait trois ans que vous n'avez pas fait vous-même un de vos lacets, trois ans que vous prenez vos petits déj en costard avec des types bien rigolos comme Jean-Marc Ayrault (j'adore !) ou Christian Eckert (j'adore aussi mais je sais pas qui c'est), trois ans qu'il pleut à peine vous mettez le nez dehors, trois ans que vous promulguez, que vous ratifiez, que vous entérinez, que vous conjuguez des verbes qu'on ne comprend pas, trois ans que Laurent Gerra vous imite, c'est pas une vie franchement ça !

Alors bien sûr, y a des avantages à être président : d'abord c'est plutôt bien payé, même si votre première mesure à été de baisser votre salaire de 30 %, ça reste bien payé (d'autant que Nicolas Sarkozy l'avait lui-même augmenté de 419 % !). C'est un job assez prestigieux, faut reconnaître, bon c'est pas président des États-Unis, mais c'est bien déjà.

Qu'est-ce qu'il y a d'autre comme avantage ? C'est un job où l'on a quelques pouvoirs, ça, c'est cool, par exemple vous avez le pouvoir de nommer le Premier ministre ! Attention, ça ne veut pas dire que vous pouvez lui donner le nom que vous voulez, par exemple vous ne pouvez pas décider que Manuel Valls s'appelle en fait Penelope Cruz, ça serait très rigolo mais vous n'avez pas le droit.

Vous pouvez dissoudre l'Assemblée nationale, pas le bâtiment, ça serait couillon, mais vous dites « je dissous » et hop tout le monde fait ses cartons, c'est rigolo ça, faudra le faire au moins une fois…

Vous avez la bombe nucléaire, ça c'est pareil faut le faire au moins une fois.

Vous êtes le chef des armées, et à ce titre vous pouvez déclarer la guerre à qui vous voulez : aux Deux-Sèvres, à la Finance, aux cheveux cassants et aux pointes sèches.

Et puis, évidemment, il y a tout un petit décorum qui est sympa, faut reconnaître : vous mangez dans des belles assiettes, avec de belles actrices, vous vivez plein centre, dans un quartier populaire hyper sympa, proche tous commerces : Gucci, Hermès, Fauchon… c'est pratique pour un homme de gauche *(il se rectifie)* pour un homme de goût *(il se rectifie encore)* pour un homme de goûts de gauche !

J'ai lu que vous étiez co-prince d'Andorre, ça, c'est chouette, ça vous fait les clopes vraiment pas chères. Et puis la grande classe, c'est que vous aurez fatalement un jour ou l'autre un boulevard, une rue ou au moins un gymnase à votre nom, preuve s'il en est que vous aurez réalisé votre rêve…

Ce dont vous avez rêvé presque toute votre vie, monsieur le président, est arrivé il y a trois ans : voilà trois ans qu'on ne peut plus vous appeler François ou Vieille branche, mais monsieur le président, trois ans que vous gouvernez, que vous tapez dans le dos de Vladimir Poutine et dans l'œil d'Angela Merkel, bref trois ans que vous vous faites de beaux souvenirs.

Et la bonne nouvelle, monsieur le président, c'est qu'il vous en reste deux pour nous en faire un peu à nous.

19 avril 2015

François Hollande (2)

Ci-dessous, une autre piste que j'avais explorée pour la bio de François Hollande et que j'ai finalement laissé tomber...

François Gérard Georges Hollande, vous naquîtes le 12 août 1954. À l'époque très beau bébé, votre cote de popularité est alors à son zénith, c'est bien plus tard que ça se barre en sucette.

Vous grandissez dans une famille curieuse : un père proche de l'extrême droite, et une maman de gauche. Dieu merci, Œdipe n'étant pas pédé, ça vous a permis de pencher du bon côté.

En 1978, vous entrez à l'ENA. Pas très original. Ce qui l'est plus en revanche c'est que vous devenez très ami avec Ségolène Royal et que vous sortez avec Michel Sapin.

En 1980, vous en sortez (pas de Michel Sapin, mais de l'ENA) huitième ! C'est une belle leçon pour tous les jeunes qui sont en échec scolaire ça : être très moyen à l'école n'empêche pas de devenir président de la République.

Vous avez donc vingt-six ans, et vous commencez à fréquenter le monde des gros messieurs qui parlent fort au restaurant et qui mettent leur cravate sur l'épaule pour pas qu'elle trempe dans la sauce : le monde de la politique.

En 1997, vous devenez 1er Secrétaire du PS, donc ça, qu'est-ce que c'est ? C'est porter des petites lunettes serrées, et puis faire ça *(il décroche un téléphone)* : « Parti Socialiste, bonjour ! Quittez pas, je vois si elle est disponible... Martine, une interview pour *Sanglier Magazine*, on dit non ? *(Il raccroche.)* À propos de sanglier, tu feras attention, y a Dominique qui a encore bourré la photocopieuse. »

Vous ferez le job pendant onze ans !

Et puis petit à petit, lassé du secrétariat et des mesquineries de bureau, vous commencez à partir à la quête de votre stature présidentielle : vous prenez des cours de danse avec Matt Pokora, des cours de diction avec Darry Cowl, vous faites même un peu de nail-art avec Jennifer.

Vous changez de look aussi, vous passez du Bling-Bling d'Optic 2000 à l'humilité roots d'Atol les Opticiens.

Et voilà que tout doucement, la France voit se dessiner au loin une nouvelle silhouette hollandaise, prête au combat, suffisamment musclée pour ratatiner Sarkozy sur le tatami de la présidentielle. C'est ce que vous ferez devant un Pujadas médusé et une Ferrari en double file. C'est l'accomplissement de la méthode Coué en direct sur TF1 : « Moi président Moi président Moi président. »

Et ça ne loupe pas, à force de le marteler, alors que quelques mois auparavant c'est à peine si l'on vous aurait confié la présidence du club de Cyclotourisme de Tulle, tout le monde finit par se dire : « Ah oui tiens pourquoi pas, lui président ? »…

26 avril 2015

François Fillon, candidat à la primaire de la droite et du centre

Confidence de l'auteur : Cette émission a été enregistrée une semaine après que le président de la République, François Hollande eut été l'invité spécial du Supplément, *qui pour l'occasion était diffusé en direct.*

L'émission suivante qui recevait François Fillon avait donc le goût mélancolique de la routine qui reprend, la saveur banale du sol après le vertige. L'ennui rassurant du calme après la tempête.

Bonjour, Monsieur. Mais, Maïtena, il n'est pas président de la République lui… Pfff, nuuul…

Bon, c'est pas grave, pardonnez notre humeur un peu taciturne, monsieur Fillon, mais comme la semaine dernière on recevait François Hollande, là pour nous c'est un peu comme quand on ouvre une bouteille de cidre Loïc Raison après un Dom Pérignon.

Mais je passerai outre ma nostalgie présidentielle pour vous biographer scrupuleusement, monsieur Fillon, avec tendresse et… chèvrefeuille (oui, je me rends bien compte que c'est pas le bon mot).

Monsieur Fillon, vous naquîtes le 4 mars 1954 au Mans, ville poétique et socialiste s'il en est, puisqu'elle vit naître les rillettes (qu'est-ce qui es plus socialiste qu'une rillette franchement ?), mais aussi Pierre de Ronsard : « Mignonne, allons voir si la rose, qui ce matin avait éclose, rue de Solférinose, etc. » mais aussi Joaquim Du Bellay : « Heureux, Cambadélis a fait un beau voyage. » Mais également Steevy... dont je n'ai pas trouvé de citation dans la Pléiade.

Vous grandissez à Cérans-Foulletourte. J'en profite pour saluer le club de football de Cérans-Foulletourte, qui évolue en 42e division, et embrasser Gérard Dufour qui est maire de Cérans-Foulletourte (et qui va se demander : « Mais pourquoi il m'embrasse ce con-là ! »).

Cérans-Foulletourte, un petit village de 3280 Céranais-Foulletourtois, coincé entre La Suze-sur-Sarthe et Rosé-sur-Sarthe, à deux pas de Yvré-le-Pôlin. Pour d'évidentes raisons sanitaires, votre famille déménagera d'abord à Évian puis à Saint-Yorre où vous reprendrez peu à peu une couleur de peau conventionnelle, moins vermillon, monsieur Fillon.

Une scolarité complexe, le jeune François est un élève dissipé, comme quoi on peut être rebelle et de droite ! Vous serez même exclu provisoirement du collège pour avoir jeté une ampoule lacrymogène en plein cours.

Une affaire sur laquelle vous ne vous êtes encore jamais expliqué devant les Français. Voilà trop d'années que vous faites l'autruche sur cette histoire qui date d'il y a près de cinquante ans. Vous êtes candidat pour les présidentielles, les Français ne peuvent pas élire à la fonction suprême un bonhomme qui jette des ampoules lacrymo et ne s'en explique jamais ! Les Français veulent bien donner leurs voix à des gens qui jettent l'éponge, pas les ampoules.

Vous êtes un homme austère français, et les François vous connaissent mal. Non. Vous êtes un homme français, François, et les austères... Non plus. Vous êtes Francis Huster... Bon j'annule cette phrase, je passe à la suivante : vous semblez être un homme plutôt classique, sérieux, c'est l'image que vous voulez donner, celle d'un homme qui a les pieds sur terre et les ténèbres au fond des yeux, et les sourcils tout drus, mais c'était sans compter sur mon opiniâtreté biographique : j'ai cherché, j'ai fouillé, j'ai compris tous les mots, j'ai bien compris merci, et la vérité m'est apparue toute nue (comme vous, Maïtena ! Oui, vous m'êtes apparue toute nue cette nuit, vous faisiez du rodéo sur un rhinocéros turquoise)...

Bref, la vérité m'est apparue donc et vous êtes bien plus rigolo qu'il n'y paraît. Je ne dis pas que vous faites tourner les serviettes à la première occasion mais il n'est pas rare le soir venu de vous voir vous engouffrer dans les cabarets de la Rive gauche, tout de satin vêtu, pour vous livrer à des play-back suaves et endiablés.

Pour ce qui est des choses sérieuses, j'ai vu que vous changiez de nom, et j'ai trouvé que c'était une excellente idée, je me suis dit « Fillon » c'est un nom – si on le prononce trop vite – qui peut tendre la perche aux quolibets les plus pompiers, il est donc grand temps d'en changer. Et puis, tardivement, j'ai compris que ce n'était pas votre nom à vous que vous vouliez changer, mais le nom de votre parti, et là j'ai pas vraiment d'avis. Et ça tombe bien parce qu'on me le demande pas tellement.

L'UMP devient donc Les Républicains. Oui, c'est bien. Sinon moi j'avais pensé à Les Honnêtes Gens, pour vraiment tourner le dos aux affaires récentes ou La Compagnie Créole, qui est bien festif mais qui est déjà pris, malheureusement.

Monsieur Fillon, au long de votre carrière vous avez écumé tous les postes possibles et imaginables : conseiller municipal, député, président de conseil général, de conseil régional, ministre (vous avez même été « ministre de l'Espace », sous Jacques Chirac. Et pas « ministre de l'espace sous Jacques Chirac », qui nous dégoûte sans qu'on sache bien pourquoi)...

Bref, il n'y a quasiment que le poste de président de la République que vous n'avez pas encore occupé. Pour ce faire, Élizabeth Martichoux qui est journaliste à RTL a déclaré récemment que vous deviez « vous lâcher ». Et vous lui avez répondu tout simplement qu'elle ferait mieux de changer de nom elle aussi.

Rien n'est perdu, François : Objectif 2017 ! Courage, Fillon.

17 mai 2015

Christiane Taubira, future ex-ministre de la Justice et future épouse de Vincent Dedienne

Confidence de l'auteur : Évidemment celle-ci fut très particulière, ne serait-ce que parce que c'est celle dont on m'a le plus parlé.

Je n'avais pas présumé une seconde que je serai à ce point saisi par l'émotion. Et ce que j'avais encore moins prémédité c'est que Christiane Taubira le serait aussi, et que nous tomberions ainsi dans les yeux l'un de l'autre. Je ne sais pas si c'est cela qu'on appelle « un beau moment de télévision », mais c'est ce que j'appelle, à coup sûr, un beau souvenir.

Bonjour ! Bonjour à tous et plus particulièrement à tous ceux qui s'appellent Romuald et qui par conséquent vivent dans une détresse épouvantable.

Alors, madame Taubira, comment les choses vont-elles se dérouler ? Je vais vous biographer, ça va durer deux minutes, c'est-à-dire le temps d'un œuf à la coque (qu'on ne ferait pas suffisamment cuire). Êtes-vous prête ? Top !

Xavière Tibéri… Non, faux départ. Pardon.

Il recommence

Christiane Taubira ou Taubiroute comme on vous appelle dans le Nord-Pas-de-Calais, savez-vous qu'il existe un point commun entre vous, Shakira et moi ? Outre le fait que nous avons toutes les trois cette manière absolument céleste de bouger notre boule sur des rythmes latinos… Nous sommes nés le 2 février, toutes les trois. Vous en Guyane, moi en Colombie et Shakira en Saône-et-Loire.

En 1972, à vingt ans *(sur l'air de la chanson de Moustaki :),* que le temps passe vite, Christiane hier encore vous étiez si petite… vous débarquez à Paris. Vous racontez y être alors surprise par la neige qui se transforme en boue, par les murs tout gris et par le racisme. Des années plus tard, force est de constater que les choses ont bien changé… puisqu'il ne neige plus très souvent à Paris.

Ensuite, il y a un passage décevant dans votre biographie. Mais ce n'est pas de votre faute, c'est de la mienne, j'ai lu trop vite et j'ai cru que vous aviez fait partie du PSG ! Je me suis dit : cette femme est vraiment étonnante ! Je m'étais fait mon petit film dans ma tête. *(Sur le ton d'un commentateur sportif)* : « Fernandez, la passe à Thiago Motta, Taubira ! Taubira, Taubira pas ? » ! Et en fait Taubira pas, pas du tout même puisque vous avez fait partie du PRG, le Parti radical de gauche dont vous fûtes d'ailleurs la candidate pour l'élection présidentielle de 2002. Élection que vous…

gagnâtes ? Je ne me souviens plus. Non que vous perdissiez, oui vous loupâtes. Oh si, vous vous vautrâtes ! Bon en tout cas à mon grand dam vous n'avez jamais chaussé les crampons, et aujourd'hui que vous êtes ministre de la Justice, vous ne pouvez plus : vous risqueriez de rayer le Parquet. En revanche, vous vous cramponnez au Ministère, vous tenez bon le barreau, « hisse et ho Garde des Sceaux ! », et, depuis votre nomination, vous êtes à l'initiative de grands projets de lois, comme celle qui ouvre le mariage aux gens de même sexe, même si je trouve la formule un peu ambiguë. Faut bien dire aux gens qu'il suffit d'être deux garçons ou deux filles pour avoir le droit de se marier, on n'est pas obligé d'avoir exactement les MÊMES sexes. Ben oui mais y a eu des malentendus... et des moments un peu folkloriques dans les mairies au moment de fournir les preuves.

Vous êtes aussi l'auteur de la loi qui reconnaît l'esclavage comme un crime contre l'humanité. Alors on dira ce qu'on voudra (par exemple si on veut dire « 3 cuillerées de jambon matin et soir » on peut le dire, même si ça n'a pas de sens), mais toutes les lois n'ont pas la même ampleur.

Et c'est là qu'on s'aperçoit qu'il y a de grandes et de petites lois. Parfois, derrière une petite loi il y a un gros bonhomme, comme David Douillet, et parfois derrière une grande loi il y a un petit bout de bonne femme comme Simone Veil ou comme vous, Christiane.

Christiane vous avez une réputation assez dure, on raconte que vous seriez d'une exigence tranchante. J'ai enquêté : faut pas exagérer. Je ne dis pas que vous êtes douce comme le crâne de Bernard Cazeneuve, mais vous n'êtes pas dure. C'est pas parce que vous avez récemment énucléé à mains nues un collaborateur qui avait mal rebouché votre stylo-feutre, que ça fait de vous une terreur…

On blâme souvent la politique contemporaine d'être devenue un spectacle, tantôt un mauvais boulevard tantôt une tragédie ou un bien petit mélodrame. Cela dépend de la qualité des acteurs, comme toujours au théâtre. Et lorsque, madame Taubira, vous citiez sans fiche et sans reproche, des pans entiers des œuvres d'Aimé Césaire, de Gontran-Damas, de Fanon, de Zola et même de Bob Marley au milieu de l'hémicycle, quand vous riiez, quand vous tempêtiez, rouspétiez, bagarriez, moi le spectacle me plaisait. Et m'a même fait verser des larmes de joie à un moment où la France me donnait plutôt envie de pleurer.

J'ai exhumé des pages de mon journal cet extrait écrit après l'enregistrement de l'émission :

17/05/15, 23 h 15.

Je n'avais pas prémédité l'émotion qui m'envahirait en plongeant ainsi dans le regard de Christiane Taubira, lorsqu'à la fin de la bio, elle a planté ses yeux embués dans les miens pour ne plus les en déloger.

Je n'ai pas beaucoup d'admiration pour l'appareil politique ni pour celles et ceux qui le mettent en branle. Ce qui m'émeut et me rend idolâtre, ce sont les Belles Lettres, la culture et l'humour, des qualités qui petit à petit – je le crains – désertent le monde politique.

Borges écrivait qu'on ne peut pas expliquer la poésie, ni la tenir dans ses mains, qu'elle est une sensation, un parfum. Qu'on ne peut que ressentir – par instinct – qu'on est en présence de la Poésie. Je crois qu'il en va de même de la grandeur d'âme.

C'est ce que l'on sent ou ressent, au côté de Christiane Taubira (alors que ça me l'a curieusement moins fait quand j'ai croisé Laurent Wauquiez au sauna Sénat). Alors qu'est-ce que c'est exactement « la grandeur », je ne sais pas. Comme je ne sais pas expliquer la mer, la grande cuisine ou les aurores boréales, je ne sais pas expliquer Christiane Taubira.

C'est moi qui ai mis fin, par pudeur et par timidité, à ce regard trop long pour être télévisé.

Je regrette d'avoir flanché. Je me demande combien de temps nous aurions pu rester là, face à face, à nous manger des yeux, elle et moi ? Maïtena aurait rendu l'antenne, les lumières se seraient éteintes sur le plateau, et la nuit peut-être serait tombée sur la plaine Saint-Denis, sans que nous n'ayons défait l'emprise que nous nous étions fabriquée, comme des araignées malignes et amoureuses.

31 mai 2015

Pierre Gattaz, patron du MEDEF

Bonjour Maïtena. Alors c'est Pierre Gattaz l'invité cette semaine ? C'est sûr ? Non parce qu'il est peut-être encore temps de changer… ?

J'en ai bavé cette semaine. Si j'arrive à vous arracher un sourire avec comme sujet Pierre Gattaz, j'exige la médaille des Arts et des Lettres et un Balisto !

D'autant que je n'ai pas eu beaucoup de temps parce qu'il fallait absolument que je fasse mes impôts. Vous avez fait les vôtres, monsieur Gattaz ? On est d'accord, c'est chiant à faire ! C'est « enquiquinant » comme disent les jeunes. En plus, je sais pas vous, mais moi Pôle Emploi ne m'a pas envoyé la feuille qui dit quelle somme il faut déclar… bon cela dit, ça se passe peut-être pas tout à fait pareil pour vous… Mais vous devez quand même avoir plein de lignes à vérifier vu que vous avez des revenus dans tous les sens. Bon ben imaginez que moi cette semaine, quand j'en avais marre de faire mes impôts, pour me détendre je pouvais faire la bio de Pierre Gattaz.

Je viens donc de vivre la semaine la plus sordide de toute mon existence. Si la semaine prochaine on pouvait inviter... je sais pas, Guy Roux ou Jacques Balutin, parce que je vais avoir besoin de sacrément me détendre.

Monsieur Gattaz... D'ailleurs on ne dit pas Gattaz, Maïtena attention, on dit Gatta. Pierre Gatta. Les grands patrons, notamment.

Monsieur Gatta, on vous connaît peu. Par exemple, on ignore que vous dormez en pyjama. Vous restez très secret sur votre linge de lit. On ne sait pas non plus que vous êtes le genre d'homme qui le matin aime bien boire un Actimel. Vous êtes à l'écoute de vos défenses immunitaires et on ne le sait que trop peu.

Vous êtes né billancourt à Boulogne-Billentête, le 11 septembre 1959, et c'est pas de bol. C'est pas de bol parce que ce jour-là il y a un événement majeur qui éclipse totalement votre naissance, c'est d'une part l'invention de la culotte gainante à maintien modéré, qui a considérablement changé la vie des femmes type Micheline Dax. C'est aussi l'anniversaire de ma tante Annick qui vous adore... puisqu'elle vous confond avec Michel Jonasz.

Mais le 11 septembre 1959 c'est surtout le jour où Jacques Brel entre en studio (« Entre ici Jacques Brel ») et enregistre pour la première fois la terrible chanson *Ne me quitte pas*. Et là vous pouviez bien être le plus beau bébé du monde, face à une si belle chanson et face aux gaines de maintien de ma tante Annick, la concurrence s'est révélée écrasante, ce qui dès les premiers instants de votre vie vous donnera le seum et un sens redoutable de la compétitivité.

La compétitivité, c'est quelque chose qui me trouble parce qu'à la fois j'aime et à la fois je déteste. Je déteste ce que ça veut dire mais j'aime bien le mot : compétitivité, ça fait un bruit rigolo ! Comme Culbuto, c'est pareil, sauf que là j'aime bien la notion aussi.

Vous avez toujours été pourri, Gattaz. Faites pas cette tête, c'est vrai, vous avez toujours été pourri-gattaz par la vie. C'est chouette !

Depuis juillet 2013, vous êtes président du Medef. C'est chouette aussi. D'autant que ce qui est rigolo avec le Medef, c'est que c'est un syndicat. Vous êtes syndicaliste, Pierre. C'est la lutte finale !

En plus le vôtre, il est bien de syndicat parce qu'il est chic. Si. Je n'y connais rien mais j'ai l'impression qu'il est un brin plus chic que les autres. Faut avouer, Pierre, que c'est plus chic de lire les pages saumon du Figaro dans les tribunes présidentielles de l'Hippodrome de Longchamp que de se taper tout Karl Marx avec de la bière tiède, trois chipsters et quatre copains moustachus dans un PMU qui sent le tabac roulé… non ?

Par contre, il y a un problème avec ce sigle, « MEDEF ». Y a une lettre en trop. Ça veut dire Mouvement des Entreprises de France, le premier E est en trop ! Je trouve ça fou que personne ne vous l'ait dit avant moi. On peut pas rajouter des lettres comme ça. C'est comme si vous vous appeliez Pierre GRattaz, c'est quand même pas tout à fait la même chose. Normalement, monsieur Gattaz, vous êtes président du MDEF, mais c'est vrai que c'est pas facile à prononcer quand on a du caviar dans la bouche.

En tant que Président du MDEF donc, vous avez fait plein de choses, d'abord vous avez donné votre nom à plein de nouveaux proverbes : « Pierre qui roule amasse du Flouze », « Tant va Gattaz à l'eau, qu'à la fin il la vend », « un Gattaz avertit vaut 100 briques », mais vous avez aussi proposé des idées. Notamment celle d'enseigner l'économie et l'entreprise dès le plus jeune âge. C'est une bonne idée. C'est une riche idée. C'est une idée pour les riches. Simplement, il ne faudra pas oublier d'augmenter la dose de Lexomil à la cantine le midi.

Sur le plan littéraire, vous n'êtes pas absent, puisque vous avez publié un petit livre, *Français bougeons-nous*, un livre dans lequel vous dévoilez vos techniques pour perdre du poids. Ce livre a un très mauvais horizon devant lui, il faut être honnête, concurrencé là encore par la sortie du livre de Jean-Luc Mélenchon, *Le Hareng de Bismarck*, dans lequel il dévoile ses recettes minceur les plus efficaces.

Sur le plan affectif, c'est pas glorieux non plus puisque vous êtes amoureux d'Emmanuel Macron… Alors si vous voulez mon conseil, Pierre, laissez tomber. Vous allez vous faire souffrir, ça vaut pas le coup. Il faut oublier Pierre, tout peut s'oublier. Oublier le temps des malentendus et le temps perdu à savoir comment. Oublier ces 35 heures qui tuaient parfois à coups de pourquoi le cœur du Medef.

Bon dimanche !

7 juin 2015 et 20 mars 2016

Nathalie Kosciusko-Morizet, candidate à la primaire de la droite et du centre

Confidence de l'auteur : comme nous avons reçu NKM deux fois en huit mois, je me suis amusé à faire un mix des chroniques du 7 juin 2015 et du 20 mars 2016…

Salut ma petite puce !

Oula, non c'est trop familier ça ! Pis c'est trop affectueux, on n'a pas greffé les couilles ensemble !

C'est que j'ai le sentiment qu'on s'est souvent vus. À France Inter, une fois ici l'an dernier et puis en octobre je vous ai croisé dans le XIVe, vous sortiez de Bio c'est bon.

Je m'aperçois que ces dernières années je vous ai vue plus souvent que ma tante Colette.

C'est peut-être parce qu'elle est morte ? C'est le mystère de la vie…

Nathalie, il y a quelques années j'étais à Lyon… voilà.

Pourquoi je vous raconte tout ça moi ? Ah oui, parce que je jouais un spectacle là-bas, et chaque soir avant de monter sur scène, je répétais inlassablement dans les coulisses « Kosciusko-Morizet ». Tout le monde pensait donc que j'étais soit extrêmement nerveux, soit extrêmement de droite, soit les deux (comme Nicolas Sarkozy) alors que pas du tout, je travaillais juste mon articulation : « Petit Kosciusko-Morizet, quand te depetitkosciuskomorizeras-tu ? » Eh ouais ! Ça vous fait une belle jambe, et moi une bonne élocution. Qui fera d'ailleurs dire à Louis Jouvet : « Ce garçon a de l'or dans la bouche ! »

Vous êtes née dans une famille qui connaît la politique sur le bout des gênes, puisque votre arrière-grand-père, marxiste, est l'un des membres fondateurs du Parti communiste. Vous avez d'ailleurs hérité de lui son engagement, ses valeurs, une superbe sorbetière Magimix mais aussi une faucille et un marteau dont vous ne savez plus du tout quoi faire aujourd'hui.

Des études brillantes, Nathalie, des cheveux brillants aussi, avec un léger excès de sébum à la racine.

Vous êtes gauchère. Une étude américaine a montré que les gauchers étaient moins bien payés que les droitiers. Une autre étude a montré que vous étiez une femme. Conclusion : vous faites tout pour être moins payée que les autres, vous.

Sur le plan politique, vous avez parfois eu du mérite, mais pas plus que ça, alors que sur le plan personnel, vous êtes admirable ! Vous avez eu beaucoup de mérite en tant que maman puisqu'en 2008 vous avez donné naissance à des jumeaux qui mesuraient chacun plus d'un mètre 10 à la naissance. D'un point de vue clinique, c'est un exploit. D'ailleurs à l'époque les journaux titrèrent : « NKM, mère de longs jumeaux. »

Alors pour connaître votre actualité qu'est-ce qu'on fait ? On va sur google actu, on ne tape pas « Nathalie Kosciusko-Morizet » parce que c'est trop long. On ne tape pas non plus Guy Lux, sous prétexte que c'est plus court. Non on tape l'acronyme NKM. Ensuite on efface « l'acronyme » qui ne sert à rien, on garde juste NKM, on fait Enter et là on se réjouit. On tombe sur un beau site, avec de belles photos, de belles histoires et François Damiens, alors on se rend compte qu'on a tapé MK2… et on est déçu.

Mais on se reprend en main, parce qu'on a confiance en l'avenir, on se dit la vie est une promesse.

Et puis alors quand enfin on tape NKM tout bien comme il faut, on tombe d'abord sur une photo qui montre à quel point vous êtes festive, drôle, et pleine de vie

(Photo de NKM, assez déprimante.)

La vie est une promesse.

Regardez-moi cette joie, cette folie, cette rigolote, avec laquelle on a immédiatement envie de faire des parties endiablées de « roi du silence ».

Et puis on tombe sur les titres suivants : « Je vous emmerde : NKM saoulée par Cyrille Eldin » puis « Nathalie Kosciusko-Morizet revient avec humour sur son expression greffe de couilles ».

Un doute nous assaille alors, on re-vérifie dans la barre Google si on a bien tapé NKM et pas NTM, et on se souvient d'un temps que les moins de… trente ans ne peuvent pas connaître où Pompidou publiait des Anthologies de la Poésie française, où de Gaulle frôlait le Nobel de Littérature, où Mitterrand dînait avec Duras. Et on se dit, comme vous l'écrivez, que nous avons changé de monde.

Bon et puisqu'on parle littérature, le reste de votre actu c'est donc votre livre… que je n'ai pas encore lu. J'y ai songé, mais je me suis souvenu que j'avais toujours pas pris le temps de lire ni *Anna Karénine* ni le livre pour arrêter de fumer, j'aurais vraiment culpabilisé d'ouvrir le vôtre. *Nothing personal*.

Vous êtes donc candidate à la « primaire républicaine » et sur le plateau du JT de TF1 vous dites (donc vous le pensez) vouloir réaliser les rêves des gens.

Je vous confie le mien, Nathalie. Oui j'ai un rêve (*I have a spoon !*) Et je compte sur vous pour le réaliser, c'est que le prochain président de la République, soit une femme. Je compte sur vous. Merci beaucoup. Je vous ai pas dit son nom : c'est Zabou Breitman.

Voilà, c'est la fin de cette bio, chère NKM, c'est la fin de l'émission, vous allez pouvoir rentrer chez vous, tous nos agents RATP seront heureux de vous accueillir sur la gracieuse ligne 12 du métro parisien, où un plat chaud et une coupe de crémant vous seront servis, tout ça pour la modique somme de 74,90 euros, soit le prix du ticket à l'unité. Belle journée.

14 juin 2015

Emmanuelle Cosse, secrétaire nationale d'Europe Écologie Les Verts (devenue ensuite ministre du Logement)

Bon alors, c'est qui l'invité politique, Maïtena ?

Maïtena lui indique Emmanuelle Cosse.

Ah oui mais là si c'est pour prendre des inconnues dans la rue, je ne sais pas si ça vaut le coup… Y a des équipes techniques qui sont mobilisées, y a une cantine, ça fait des frais…

Bonjour, Emmanuelle Cosse !

Alors j'ai fait quelques recherches sur vous mais franchement je n'ai pas trouvé grand-chose, madame Cosse. Votre fiche Wikipédia est toute petite, même moi j'en ai une plus grosse, et j'ai pas l'habitude de dire ça. C'est vrai, Maïtena, j'ai pas la plus grosse de l'équipe !

Il faut dire à votre service com' de gonfler un peu tout ça, Emmanuelle !

Vous n'avez qu'à dire que vous êtes double-championne de bobsleigh ou que vous êtes l'ex de Dieudonné ! Moi, j'ai l'habitude de dire : « Une bonne bio, c'est comme une frite : c'est jaune. » Heu non, rien à voir. Faut que ça croustille, voilà.

Et vous, ça ne croustille pas du tout, là. Par exemple, sur votre fiche on apprend que vous êtes la compagne de Denis Baupin, ancien adjoint au maire de Paris, député EELV de Paris et vice-président de l'Assemblée nationale.

Ça, c'est ce que j'appelle une frite molle, archi-molle. J'ai pas l'habitude de dire ça mais qu'est-ce que c'est mou !

Alors on réécrit : « Emmanuelle Cosse est une femme politique française, ancienne Claudette et dealeuse de méthamphétamine à Las Vegas. Elle vit depuis longtemps une histoire d'amour à trois avec Maître Gims et Olivier Minne. Ensemble ils ont quatre enfants, dont des sextuplés... » C'est mieux, non ?

Ensuite, on peut mettre des choses vraies, mais faut les chiader. Par exemple : « Le 15 novembre 1974, le soleil se lève à 8 h 03 sur Paris, tirant du sommeil des Parisiens grincheux et fatigués. Il se couchera neuf heures plus tard sur ces mêmes Parisiens qui, après une journée à s'être inlassablement répété “Bon Dieu que la vie est douce-amère”, rentreront chez eux le vague à l'âme, s'affaleront sur leur canapé panthère devant l'ORTF en se disant : “Vivement Laurent Ruquier, nos samedis soir seront moins gris.” Et alors qu'en Éthiopie, Lucy est sur le point d'être découverte, dans une clinique du XIIe arrondissement apparaît – en meilleur état – Emmanuelle Cosse ! »

Emmanuelle, « Emma » comme disent vos amis. « Nuelle » comme disent vos ennemis, « Muriel », comme disent ceux qui se trompent, dès votre plus jeune âge, une colère s'empare de vous et vous militez. D'abord contre la sieste, ensuite contre l'acné, puis à la FIDL (c'est pas un supermarché discount, c'est une association lycéenne), puis contre le sida.

Emmanuelle Cosse, ça, c'est vous. *(Photo de l'obélisque de la Concorde, recouvert d'un préservatif en 1993.)* Enfin c'est pas vous, c'est l'obélisque de la Concorde ! Mais c'est vous qui avez eu cette idée de le recouvrir d'un préservatif géant. Une opération qui avait deux buts, le premier : rappeler que le préservatif nous sauve la vie. Le deuxième : complexer tous les hommes de la planète. Et peut-être un troisième, plus souterrain : préparer psychologiquement les Parisiens à l'apparition du Plug anal vingt ans plus tard, place Vendôme.

C'était avec l'association Act Up Paris, qui a beaucoup œuvré contre le sida et pour le droit des homosexuels en général (à l'heure où un hebdomadaire marocain fait sa une en titrant « Faut-il brûler les gays ? », c'est pas mal de s'en souvenir...)

Vous en deviendrez la présidente en 1999. En parallèle, vous poursuivez des garçons et des études de droit. À l'époque vous déclarez : « La chose dont j'ai un peu peur, c'est de ne pas terminer ma thèse sur l'application du droit de la concurrence par le juge administratif. »

C'est marrant parce que moi ce qui me fait peur c'est qu'on puisse commencer une thèse sur l'application du droit de la concurrence par le juge administratif !

Aujourd'hui, vous êtes secrétaire nationale d'EELV, et vous me croyez ou pas, mais cette nuit – alors certes j'avais 40 de fièvre –, j'ai rêvé que vous deveniez la première femme présidente de la République.

J'ai aussi rêvé que vous aviez un kimono et une barbe. Alors la présidence, vous y pensez en vous rasant le matin ?

Confidence de l'auteur : J'ai malheureusement vraiment fait ce rêve...

Allô Freud ?

13 septembre 2015

David Rachline, maire FN de Fréjus
Jean-François Piège,
grand chef cuisinier
Maud Fontenoy, navigatrice
et femme politique

Confidence de l'auteur : C'était la première émission de cette deuxième saison pour moi. Le délicieux Ali Badou aux commandes. J'avais les cheveux trop courts et de nouvelles lunettes. Et une chemise moche. Et le trac, toujours…

C'est reparti, mon kiki, comme on ne dit plus depuis 1977. C'est bien, ça me fait plaisir, vous n'avez pas changé. *(À Ali :)* Sauf vous, Maïtena, qui avez pris un p'tit coup quand même. Vous avez fait quelque chose à vos cheveux ? Ça vous donne un petit côté Daphné Bürki ! C'est bien, mais j'ai peur que les téléspectateurs de Canal finissent par s'y perdre un peu… (*Référence à la valse des animateurs qui viennent tous d'échanger leurs places au sein de la chaîne.)*

Après deux mois d'abstinence, grosse rentrée pour moi puisque je me suis tapé les trois biographies. Et j'ai lu des choses édifiantes. Par exemple, je ne dirai pas qui c'est mais l'un ou l'une de vous trois n'est pas circoncis ! Et c'est pas ça qui est intéressant. Ce qui est intéressant c'est que l'un ou l'une de vous trois se soit senti obligé de le déclarer solennellement. Je ne dis pas qui c'est mais je vous la cite : « Je ne suis pas circoncis, et j'en fournis d'ailleurs la preuve, photo à l'appui, sur mon blog www.david.rachline.fn. »

Jean-François, alors vous, vous êtes épatant, d'abord parce que vous avez longtemps fait Thoumieux que tout le monde (un jeu de mots que seul le guide Michelin peut comprendre s'est glissé dans la phrase).

D'ailleurs, dans votre nouveau restaurant qui a ouvert le 10 septembre, vous avez décidé d'accueillir les gens par la cuisine. Excellent concept, très nouveau ! Mais là où je trouve que vous allez peut-être un peu loin c'est quand vous demandez aux gens de débarrasser eux-mêmes leur couvert et d'apporter le pain…

Un restaurant de 200 m^2 pour 25 couverts, ça nous ramène – j'ai fait le calcul – à 8 m^2 par personne, donc c'est bien on peut manger en écartant les coudes.

Et puis c'est bon marché : 200 m^2 pour 25 couverts en sachant que le menu moyen est à 200 balles, ça fait du 25 euros le m^2, c'est moins cher que le prix de l'immobilier au Lesotho ! Ça vaut drôlement le coup en plein Paris.

Ce restaurant, vous l'ouvrez avec Élodie, votre épouse, avec laquelle vous venez d'ailleurs d'avoir un enfant. J'en profite pour vous dire que je ne vous trouve pas très inspiré pour les noms : vous avez appelé votre restaurant Le Grand Restaurant et votre enfant le Petit Enfant.

Avec votre épouse vous avez déclaré : « Dans ce restaurant, nous avons mis ce que nous avons au plus profond de nous. » *(Il semble dégoûté.)*

Est-ce que c'est une manière de nous dire que vous y cuisinez vos propres abats ? Ne répondez pas, gardez le mystère, monsieur Piège, je vous en supplie. Surtout en ce qui concerne ce dessert : « La Crème glacée à la Flouve odorante. » Au vu de vos déclarations, je ne suis pas sûr qu'on veuille savoir ce que c'est.

Votre spécialité c'est le Blanc-manger, et moi la mienne – je vous la dévoile en exclusivité – c'est la Croustillade normande. Comment je la fais ? Je prends une petite biscotte, bien… bien du paquet, je prends du beurre, et avec je fais une farandole de… je l'étale en fait, avec un couteau. Et après je me régale ! J'ai posté la recette sur marmiton.org, j'ai eu trois likes ! Venez la goûter un jour à la maison ! Et si vous voulez l'inscrire à votre menu, pas de soucis. On verra avec nos avocats respectifs, ne vous en faites pas. Bisous.

Maud. Maud pas bisous par contre ! Alors bien sûr vous êtes à la tête d'une association qui a pour but, je cite, de « Sauver les océans pour sauver les hommes ». À l'heure où il devient plutôt urgent de sauver les hommes des océans…

Mais vous avez des positions trop controversées sur l'environnement, vous êtes favorable au nucléaire, aux OGM, au gaz de schiste et vous invitez même les Français à jeter leurs appareils électriques sur la voie publique et à vidanger leurs véhicules plutôt dans les rivières et les étangs.

C'est vrai que c'est surprenant. C'est un peu comme si Jean-François Piège militait pour le Big Mac. Ou comme si M. Rachline hébergeait une famille de migrants.

Oui, alors pardonnez-moi mais j'ai un peu moins étudié votre bio à vous, monsieur Rachline. Je ne sais pas pourquoi, une affaire de goût probablement. Et puis pour tout vous dire, je l'ai trouvé un peu mal foutue votre histoire, parce que vous êtes né le 2 décembre 1987 à Saint-Raphaël, or la saint Raphaël c'est le 24 octobre. Physiquement, vous ne pouvez pas être né à deux dates différentes, ça n'existe pas ! Chez les Pokémons peut-être mais pas chez les humains.

Et puis saint Raphaël, c'est le saint patron des voyageurs, et je n'ai pas eu le sentiment en vous écoutant que c'était quelque chose qui vous mettait très à l'aise, les voyageurs…

Et puis pour être tout à fait honnête, je suis troublé parce que nous avons tous les deux le même âge, avec aussi Zac Efron. Et tenez-vous bien, vous êtes le plus jeune des trois. Ça me flanque un coup de vieux !

Et vous allez voir qu'on rime bien tous les deux :

Moi à quinze ans j'adhérai à *Mickey Journal*. Vous au Front National.

Moi à vingt ans, je tombais amoureux pour la première fois et je découvrais le théâtre à

Saint-Étienne. Vous, vous participiez à la campagne de Jean-Marie Le Pen (d'ailleurs vous étiez sans doute amoureux vous aussi, on en fait des conneries quand on est amoureux !)

Et à vingt-sept ans, vous voilà maire FN de Fréjus, et moi chroniqueur basané sur Canal + !

C'est étonnant comme ça rime bien, mais comme ça s'accorde mal.

27 septembre 2015

Catherine Barma, productrice de télévision
Julien Bayou, porte-parole d'Europe Écologie-Les Verts
Daniel et Emmanuel Leconte, réalisateurs

Aujourd'hui encore une tri-bio, ce qui n'est pas pour me déplaire puisque comme le disait Aristote… ou Aznavour je ne sais plus : « Plus on est de fous, plus elle va mourir la Mamma. »

Chère Catherine, je suis *très* fan de vous. Je regarde tous vos sketches dans le *Petit Journal*. Vous embrasserez bien Liliane pour moi !

Catherine, Cathy, Catoche, Barmichette (je te tiens, tu me tiens…), vous avez quarante ans. De plus que moi. Et, comme l'indique votre coloration, vous êtes née à Nice. *(Soudain lyrique :)* Aaaah Nice : les rues… les sandwichs… *(Puis plus du tout)* Je ne connais pas Nice.

Catherine, au début de votre carrière, vous fûtes scripte. Ce qui signifie que l'on vous a déjà mal parlé.

Et comme ça n'était pas du tout votre truc d'entendre toute la journée : « Faut noter hein, tu notes, FAUT NOTER ! Elle est con cette gamine ou quoi ?! », vous êtes restée scripte deux heures et vous êtes devenue une productrice de caractère, puissante, très respectée dans le milieu de la télévision. Les gens disent d'ailleurs de vous : « J'ai peur. »

Alors que vous, vous n'avez peur de rien. Vous venez jusque dans les autres émissions, sur les chaînes concurrentes pour recruter des jeunes talents. *(À Ali.)* Regardez cet œil sournois, ce sourcil à l'affût et cette paupière qui titube : je suis sûr qu'elle est en train de me recruter ! J'ai peur.

Catherine, vous faites mentir tous les préjugés qui courent sur le monde de la télévision : en trente ans de carrière, pas une goutte d'alcool, pas de drogue et très très très peu de sexe.

Pour compenser vous avez produit des émissions aux titres évocateurs, *On a tout essayé*, *On n'est pas couché*, et même *On s'le tape quand Jean Benguigui ?* qui peine un peu à trouver son public.

Julien Bayou. Bayou, Babayou, Babayou, Babayoulèlè.

Alors vous aussi vous êtes porte-parole d'Europe Écologie-Les Verts. Je dis « vous aussi » parce que j'ai l'impression que vous êtes quatorze à porter la parole chez vous ! C'est jamais les mêmes qui portent et c'est rarement la même parole, alors on a du mal à s'y retrouver. L'avantage, c'est que l'on découvre sans cesse de nouveaux visages. Ils semblent que vous soyez pondus en batterie, chez les Verts.

En parlant de votre visage (et j'ai conscience que ce début de phrase fait flipper...), vous n'avez pas une tête à faire de la politique, Julien. Non. Vous avez plutôt une tête à gagner *Top Chef*.

Cela dit, on n'a pas tous la tête de l'emploi. Je sais très bien que j'ai une tronche de libraire, par exemple.

Julien, vous fûtes également directeur de la mobilisation d'Eva Joly, ce qui me fait dire que je ne vais pas vous confier tout de suite l'organisation de mon anniversaire, parce que j'ai quand même loué le Grand Rex, alors ça m'embêterait qu'on ne soit que trois !

Julien, vous êtes un peu le petit lapin blanc d'*Alice au pays des Merveilles*, vous avez un rapport très conflictuel avec le temps.

À la question « Avez-vous un moment privilégié pour vous poser ? », vous répondez : « Le matin. Je bloque trois heures pour faire mon travail de gentilhomme. »

Moi aussi c'est le matin que je fais... mon travail de gentilhomme. Et alors vous la faites vers quelle heure, vous, la dégustation de poularde ? Parce qu'entre les leçons de tarentelle et les cours de menuet, ça doit pas être fastoche.

Au sujet du temps, vous dites d'ailleurs : « Les transports, quand le déplacement est trop court je n'ai le temps de rien faire. Je préfère huit heures de train à une demi-heure avec trois changements de métro. »

C'est pourquoi pour faire Pigalle-Belleville, vous privilégiez Qatar Airlines, départ le 12/10 de Beauvais, arrivée rue du Faubourg-du-Temple le 14 à midi.

Daniel et Emmanuel Leconte.

C'est émouvant de recevoir un père et son fils… Très émouvant. J'en profite pour embrasser le mien de papa, très fort, et lui dire que je l'aime. Y a pas de blague, c'est la vérité !

Si vous voulez absolument une blague, en voici une :

— Papa, papa ! Pourquoi j'ai qu'un œil ?

— …

— Papa, papa, papa… Pourquoi j'ai qu'un œil ? ? ?

— Et le père répond : « Oh tu me casses la couille ! »

Vous la notez combien cette blague, Catherine ? Ah mais vous ne l'avez peut-être pas comprise ?

Daniel Leconte, vous êtes donc venu en famille avec votre fils Emmanuel nous parler de *L'Humour à mort*, un documentaire qui revient sur l'attentat à *Charlie Hebdo*, événement sur lequel j'ai encore bien du mal à plaisanter. Pareil d'ailleurs en ce qui concerne votre prochain film *Glamour à mort*, tourné à la rédaction de *Biba*, qui me déprime d'avance.

Alors que je me réjouis franchement de découvrir *Zemmour à mort*, un docu tourné dans les locaux de *Valeurs actuelles*.

Et puis bien sûr, votre chef-d'œuvre en perspective *Lova Moor à Mort* (que je vous conseille de tourner sans votre fils, pour le coup).

Emmanuel en revanche sur vous je n'ai rien trouvé, ni sur le web ni en bibliothèque, donc j'ai inventé :

Emmanuel Leconte, de votre vrai nom le comte Helmut von Moltke, vous vous engagez dans l'armée danoise puis en 1822 dans l'armée prussienne. De 1835 à 1839, vous êtes conseiller pour les troupes de l'Empire ottoman et devenez chef du grand état-major général. Vous réorganisez entièrement l'armée avec le chancelier Otto von Bismarck. Vous réalisez par la suite *Helmut à mort* un documentaire qui revient sur cette grande carrière militaire mais, révolté qu'il ne soit pas retenu en sélection officielle à Cannes, vous annexez l'Alsace et la Moselle. Carrément.

Bon dimanche.

11 octobre 2015

Claude Bartolone, candidat aux Régionales d'Île-de-France
Frédéric Mazella, fondateur de BlaBlaCar
Gilles Boyer, bras droit d'Alain Juppé
Geoffroy Lejeune, rédacteur en chef de *Valeurs actuelles*

Bonjour, Claude Bartolone, bonjour, Frédéric Mazella, bonjour, Gilles Boyer, bonjour, Geoffroy Lejeune… Y a trop de monde sur ce plateau, c'est crevant ! On entre ici comme dans un moulin (je ne la comprends pas cette expression… parce qu'on y rentre jamais dans les moulins, si ?)

Claude Bartolone ! Claude BartOlone ou BartElone ? Vous êtes sûr ? Je vais quand même vérifier vos papiers si ça ne vous ennuie pas…

Monsieur Bartolone, malheureusement je ne vais faire que survoler votre biographie parce que j'ai du monde, et qu'en plus elle est longue comme un jour sans pain (celle-là non plus on ne la comprend pas, c'est pas si long un jour sans pain, c'est 24 heures, comme les autres, non ?

Moi j'ai un peu le sentiment que les expressions qui tournent autour de la farine ont été bâclées).

Claude, vous êtes né tout nu à Tunis. Et aujourd'hui vous êtes tout habillé et tout candidat à l'élection régionale en Île-de-France.

Et entre les deux vous avez fait des choses. Plein de choses ! Notamment une marche arrière en agglomération et un cake aux olives en 93.

La Tunisie, vous la quittez en 1960 quand avec vos parents vous vous installez en France au Pré-Saint-Gervais, dans la cité Jean-Jaurès. Vous poursuivez ensuite vos études au collège Anatole-France, mais, trop chétif, vous ne parvenez pas à les rattraper.

C'est important le nom des choses. Jaurès, France... ça écrit sans doute un peu l'histoire en filigrane. Moi je vois par exemple j'ai étudié au collège Victor-Hugo, et je pense donc qu'un jour je ferai une œuvre littéraire majeure. Ou que ma fille se noiera, je ne sais pas encore.

En 2012, vous passez le BAFA et vous devenez donc président de l'Assemblée nationale. Un job qui consiste quand même beaucoup à dire chut ! Notamment à Gilbert Collard, ce qui doit être assez agréable.

Ce qu'on ignore, Claude, c'est que vous êtes un athlète de très haut vol. Souvenez-vous en janvier et février 2013, vous présidez, 90 heures durant, le débat sur le mariage pour tous, pulvérisant ainsi le record de présence à l'Assemblée nationale. Quatre jours entiers sans descendre du perchoir. D'un point de vue de l'hygiène évidemment c'est barbare, c'est une franche régression. Mais d'un point de vue législatif, c'est un progrès.

L'année suivante, vous prenez la plume et vous publiez *Je ne me tairai plus*, un livre qui est un flop éditorial. Qu'à cela ne tienne, en 2015 vous publiez *Oui bon j'ai compris je me tais* : un best-seller.

Gilles Boyer, vous êtes l'homme de l'ombre d'Alain Juppé. Vous n'entrez jamais dans la lumière, et c'est d'ailleurs la seule chose qui vous distingue de Patricia Kaas.

Frédéric Mazella, contrairement à ce qu'indiquerait presque votre nom vous n'êtes pas un fromage à pâte filée à base de lait de bufflonne, puisque vous êtes une personne.

Une enfance vendéenne, un père prof de maths, qui dès la maternelle vous force à compter en binaire, ce que je trouve proche de la maltraitance. M'enfin une enfance ludique, certains mercredis il n'est pas rare que Papa vous propose de rester en pyjama pour calculer de tête le PIB de l'Allemagne… C'est rigolo.

Vous êtes titulaire d'un master en Informatique de Stanford University. Vous vous la pétez !

Et avant de fonder BlaBlaCar vous étiez chercheur scientifique pour la NASA. Vous vous la pétez *grave*.

Tout au long de votre vie, vous n'avez eu de cesse d'inventer des concepts pour améliorer le Monde, BlaBlaCar étant le plus fameux.

BlaBlaCar, c'est quoi ? C'est une tendre génoise recouverte d'une marmelade d'orange et d'une coque de choco… pas du tout, je confonds avec le Pim's orange, pardon !

BlaBlaCar, c'est un site de consommation collaborative destiné aux pauvres. Ah ben si. Personne ne choisit par plaisir de se taper 7 h 49 de Kangoo, alors qu'en train ça serait torché en 3 heures, et qu'en prime on pourrait bouquiner tranquille en dégustant la gamme gourmet du wagon-bar qui vous propose un large choix de boissons chaudes et froides ainsi qu'une restauration à la place, sans oublier nos nouveaux cookies Jackie & Michel & Augustin (le chariot se trouve actuellement en voiture 4).

Mais effectivement comme le train aujourd'hui ça coûte environ un bras et demi et qu'on a environ deux bras (sauf Alain Juppé qui s'en est procuré un troisième à gauche, si j'ai bien compris Monsieur Boyer) BlaBlaCar, ça vaut le coup.

Et puis c'est une belle idée, généreuse, altruiste, solidaire, grâce à laquelle vous êtes blindé !

Du coup, aujourd'hui, vous avez une nouvelle idée pour vos nouveaux amis, une idée baptisée Patati Patata Yacht. Qui commence à bien prendre.

BlaBlaCar, avant, ça s'appelait covoiturage.fr. Est-ce que vous pourriez le rebaptiser « Silence Bagnole », parce qu'il est très gentil Jean-Louis quarante-sept ans, négociant en vin, mais après un Paris-Rennes entier de blagues sur les juifs et les putes, j'étais un peu fatigué.

Geoffroy Lejeune (enfin ça, c'est vite dit), vous êtes le rédac' chef de *Valeurs actuelles*, un hebdo comment dire… madaire, madérisé (qui a tourné quoi) qui défend des préoccupations conservatrices, en particulier pour les traditions établies, le respect pour l'autorité, l'ordre, la sécurité, l'identité nationale, la famille, et parfois les valeurs religieuses. Des valeurs effectivement tout à fait actuelles… enfin disons contemporaines. Mérovingiennes, en fait.

Valeurs actuelles qui a de nouveau fait le buzz en titrant récemment Zemmour Président ! Une perspective qui laisse entrevoir une France un peu Puy du Fou, dans laquelle on pourrait tous se déguiser en palefreniers, avoir la lèpre et poursuivre des Sarrasins avec des lances.

Geoffroy Lejeune (enfin, ça reste à prouver), vous parlez beaucoup de l'opinion des Français, vous vous positionnez en Madame Soleil de nos préoccupations et vous écrivez notamment : « Les Roms, plaie de l'été. Fléau des Français. » Alors je suis un peu confus, Godefroy Le Hardi, mais moi ça me pique un peu que vous parliez pour moi parce que vous dites N'IMPORTE QUOI. Mon fléau de l'été à moi c'était les proprios de ma location de vacances qui ont essayé de garder ma caution pour se payer un nouveau robot de piscine… Et la plaie c'est plutôt les remplaçants des JT des chaînes hertziennes qui me foutent le bourdon à chaque mois d'août. Donc vous voyez, pas grand-chose à voir avec les Roms, vous nous roulez dans la farine. Décidément ces expressions sont nulles ! Rendez l'antenne Ali, il faut à tout prix qu'on remette un peu d'ordre dans cette langue française.

Bon dimanche !

25 octobre 2015

Laurent Fabius, ministre des Affaires étrangères

Bonjour, Jennifer Saunders. Ou bien bonjour, Monsieur, Absolutely Fabiouslous.

Si vous n'avez pas compris cette référence, c'est que vous êtes jeune ou hétérosexuel.

Laurent Fabius, vous êtes jeune et hétérosexuel, une seule de ces affirmations est valable.

L'anagramme de votre nom, qui – mieux que n'importe quel témoignage – nous renseigne sur la personnalité de l'homme, c'est « Naturel Abusif ».

Alors, Naturel Abusif, vous êtes né un 20 août comme Slobodan Milošević et Patxi de la « Star Ac ». Comme quoi ça mène à tout le 20 août.

Vous êtes Lion ascendant Balance et, selon Ludmila34voyancegratuite, vous êtes d'une nature vive, curieuse, habile et Premier ministre à trente-sept ans.

Au premier coup d'œil on peut dire que vous êtes un homme élégant, monsieur Fabius, vous êtes même l'homme le plus élégant du gouvernement, en sachant que j'ai déjà dit la même chose à Bernard Cazeneuve.

Et à Marylise Lebranchu (c'est pas vrai mais c'est juste pour dire le mot « Marylise Lebranchu », qui me fait tant rire).

Monsieur Fabius, votre CV est trop long ! C'est extrêmement fatigant de vous CéVéter.

Disons simplement que vous avez le plus beau CV de toute l'histoire de la République, en sachant que j'ai déjà dit la même chose à René Coty.

D'ailleurs, faut-il que je vous fasse confiance, monsieur Fabius, franchement. Parce qu'au premier coup d'œil n'importe quel employeur se dirait qu'il a affaire à un gros mytho qui a exagérément gonflé son CV. C'est ahurissant. Y a tout. Manque juste la présidence de la République et le trophée de la Ligue des champions… Vous l'avez pas gagnée, la Ligue des champions, monsieur Fabius ?

Venons-en si vous le voulez bien à votre actu, monsieur le ministre Abusif, vous avez été nommé le 16 mai 2012 ministre des Affaires étrangères dans le gouvernement Jean-Marc Ayrault. Jean Marc Ayrault qui – je le rappelle – a ce point commun avec Claude Barzotti : il n'est *pas* décédé.

Ministre des Affaires étrangères, en quoi ça consiste ? C'est très simple, vous prenez un globe, vous le faites tourner, vous prenez un doigt (le majeur par exemple), que vous pointez au hasard à la surface du globe et ensuite vous partez en voyage à la destination indiquée. Une fois sur place vous dites qu'il fait beau, que vous êtes content, ah qu'elles sont jolies les filles de ton pays et vous repartez. Évidemment, vous n'oubliez pas d'apaiser les tensions et de résoudre les conflits diplomatiques, sinon ça fait le type qui est juste venu manger gratis. Ministre des Affaires étrangères, c'est un poste exigeant qui demande beaucoup de polyvalence et de tact, donc plutôt pas un job pour Jean-Pierre Mocky.

Mais, depuis 2014 – non content de devoir vous occuper de la paix dans le monde et de comment ça va madame Merkel ? –, François Hollande ajoute à votre portefeuille le développement international du gouvernement… Alors qu'est-ce que c'est que ça ? Eh bien c'est ni plus ni moins qu'augmenter à l'étranger la vente de mugs à l'effigie de Michel Sapin. Je ne vous apprends rien en disant que ça ne décolle pas ! Alors que la gamme de coquetiers Marisol Touraine cartonne à Taïwan. C'est faux, mais c'était pour dire le mot « coquetier » qui me fait bien rigoler aussi.

Personnellement, je ne pourrais pas être ministre des Affaires étrangères, on me l'a proposé plusieurs fois, j'ai toujours décliné, parce que j'ai peur en avion. J'ai d'ailleurs fait un petit récap, monsieur Fabius, vous avez pris plus souvent l'avion que l'ensemble du personnel de vol d'Air France, Easy Jet et La Lufthansa réunis. Je me suis permis de pirater votre compte SkyBlue, vous avez 754 839 Miles, donc si je me réfère au catalogue-cadeaux, vous avez droit à de très belles choses. Notamment un très bel épilateur 20 pinces avec tête amovible, ça, c'est la bonne nouvelle. La mauvaise, c'est qu'en empreinte carbone j'ai fait le calcul, vous êtes à vous seul l'équivalent de 34 usines pétrochimiques.

D'un point de vue de la postérité, vous n'avez aucun souci à vous faire, monsieur Fabius, la Terre se souviendra de votre passage !

Mais tous ces déplacements sont pour la bonne cause : la préparation de la COP21. Je vous laisse d'ailleurs retourner au travail, monsieur Fabius, parce que vous avez bientôt 195 chefs d'État qui débarquent, alors faut réserver les Vélibs, faut acheter le jus de pomme bio et les pistaches commerce équitable et puis faut nous sauver cette planète. Parce que moi j'ai encore de choses à faire ici-bas : j'ai des projets, je suis amoureux, faut que j'aille chercher Kevin au judo dans quatorze ans, enfin bref j'ai pas du tout prévu d'exploser après-demain !

Bon dimanche.

13 novembre 2015

Emmanuel Macron, ministre de l'Économie

Inédit

Cette émission, qui recevait Emmanuel Macron, a été enregistrée le 13 novembre 2015, quelques heures avant l'attaque du Bataclan. Elle n'a par conséquent pas été diffusée.

À Emmanuel Macron : Bonjour, monsieur, un café !

Ah non la bio, pardon, je vous ai pris pour un garçon de café ! Je précise toutefois que cette bio a été écrite un 11 novembre… Vous avez quand même le chic pour nous faire bosser quand on ne veut pas, vous ! Vous devez être de ceux qui disent : « On se reposera quand on sera mort. » Alors que justement on se repose pour ne pas mourir. À la tâche. Mais enfin c'est un concept de gauche un peu archaïque, je suis d'accord…

Emmanuel Macron, vous êtes né le 21 décembre 1977, soit quelques jours avant Psy, l'auteur sud-coréen du Gangnam Style, dont vous avez… le style, et quelques jours seulement avant la mort de Charlie Chaplin dont vous n'êtes pas directement responsable.

Vous êtes né le jour de la Saint-Thémistocle et j'en profite pour embrasser bien sûr tous les Thémistocle qui nous regardent (mais qui sont sans doute décédés depuis la Grèce antique).

Si vous étiez né dans le Doubs, vous auriez fait carrière dans le coton, si vous étiez né dans l'Eure vous auriez fait carrière dans l'horlogerie, si vous étiez né dans l'Hérault, vous vous seriez appelé Jean-Marc, si vous étiez né dans le Cher vous auriez été chanteuse, mais vous êtes né dans la Somme et par conséquent vous avez fait carrière dans les chiffres.

Oui, car Emmanuel vous aimez ça les chiffres. Par exemple le chiffre 4, vous l'aimez. Le chiffre 7, vous l'aimez aussi. Le chiffre 9, vous l'aimez ? Et le chiffre Z ? Ah hé oui il y avait un piège, c'est pas un chiffre Z, c'est une lettre ! C'est là qu'on voit que vous êtes peut-être encore un peu jeune pour être ministre !

Emmanuel, ça ne saute pas aux yeux mais vous avez pratiqué la boxe française. C'est en tout cas comme ça que vous bidonnez votre bio. Dans ces conditions évidemment c'est facile d'avoir l'air cool. Vous n'avez qu'à dire que vous êtes le créateur du premier Spring Break à Cancún aussi tant que vous y êtes.

Sur votre bio on peut lire : « Élève brillant – il est lauréat du Concours général de français à seize ans –, il se passionne également pour la musique et décroche le troisième Prix de piano du Conservatoire. »

Donc il faut corriger c'est pas « Élève brillant » qu'il faut écrire c'est « Élève pénible ».

Emmanuel Macron, vous m'évoquez deux images : une grande rouquine toute nue sur un fauteuil en osier, d'une part. Et un microscope, d'autre part.

En effet, vous avez clairement deux facettes, monsieur le Ministre.

La première barroco-porno – chic excentrique (ce p'tit côté qui affole la ménagère et le jeune homosexuel en école de journalisme) et la seconde : plutôt tout ce qui sera cours de physique-chimie, unité de mesure, ce p'tit côté qui fait qu'on a plutôt envie de vous sécher.

Emmanuel, malgré votre taille que je qualifierais de ni fait ni à faire, vous êtes un haut fonctionnaire, et aussi un homme politique français, et pas des moindres puisque vous êtes ministre de la Macrobiotique, de la Macron-économie, non de l'Économie, des sous ! Vous êtes ministre des Sous, des pièces. Et des billets aussi. Et à ce titre, on ne comprend pas pourquoi vous vous entêtez à ne pas faire *Money Drop*. Marisol Touraine, elle est allée au *Magazine de la santé* sur France 5, Stéphane Le Foll il a fait *L'Amour est dans le Pré*, tout le monde le sait. Faut que vous fassiez *Money Drop*, faut une logique dans ce gouvernement, zut à la fin ! Déjà qu'on pige pas pourquoi Manuel Valls ne participe pas à *Danse avec les Stars*.

Emmanuel, vous êtes marié. Votre épouse, avec laquelle on vous voyait chabadabader il y a deux ans au Touquet, est votre ancienne prof de théâtre, que vous aimez. Le théâtre, pas votre femme. Enfin vous aimez peut-être votre femme, mais c'est pas la question.

Ce goût pour l'art dramatique vous conduira même à occuper au début des années 2000 le poste d'administrateur du Théâtre de la Ville. Avec le toupet qu'on vous connaît vous y programmez deux ans d'affilée *Ciel mon pognon* un vaudeville économique co-écrit avec Vincent Bolloré, dans lequel Bernard Tapie en banquier trompé a cette réplique hilarante : « La stagflation ? Me dis pas que tu revendiques une croissance endogène ? » *(Il rit, comme dans un mauvais vaudeville.)*

Un de vos premiers petits boulots, c'était pas chez Saupiquet bizarrement mais à la Banque Rothschild où en 2010 vous avez conclu un deal à 9 milliards d'euros. C'est rare. Si, c'est rare. Par exemple, vous êtes le seul autour de cette table.

On parle d'ailleurs de vous comme « d'un Steeve Jobs à la française », et c'est vrai que vous êtes un drôle d'oiseau mi-mammifère mi-MacBook, une espèce d'ordithorinque extrêmement populaire et désarçonnant.

Aujourd'hui, vous êtes la nouvelle coqueluche du Tout-Paris, il y a peu c'était Stromae maintenant c'est vous.

Vous êtes une banque à fantasmes : Casanova miniature, vous séduisez tout le monde, et votre méthode est simple et infaillible : la contradiction. L'orfèvre de l'oxymore, c'est vous ! De gauche faisant une politique de droite, jeune qui rassure les vieux, viril mais avec un regard féminin, vous faites la une de l'*Obs*, de *Paris Match*, de *VSD*, de *Télé 7 Jeux*, et bientôt on pourra même vous colorier dans *Picsou Magazine*.

Attention toutefois Emmanuel, Simone de Beauvoir disait « À trop se contredire... » bon et puis Sartre a crié « À table », elle a pas pu finir sa phrase...

Votre entourage dit de vous que vous êtes sensible, social, solaire. Vous avez donc visiblement donné des consignes pour qu'on ne vous adjective qu'en « s ». Fatalement, ça devient compliqué pour vos proches. Parce qu'une fois qu'ils ont dit que vous étiez surdoué, souriant et sympa, il y en a qui paniquent et qui disent que vous êtes superfétatoire, safrané, suédois, syphilitique, subtropical et même socialiste... donc il faut que vous leur autorisiez d'autres consonnes, parce que ça devient n'importe quoi.

Emmanuel, vous êtes jeune, vous êtes beau (moins que Gaspard Ulliel mais plus que Julien Dray). Ah si, vous êtes beau gosse, vous avez même retourné une militante CGT – pas physiquement, émotionnellement – qui était plutôt partie pour vous casser la gueule et qui a fini par lâcher désarmée : « Vous avez de jolis yeux. » Vous avez des lettres, de l'influence, du succès, vous êtes le chouchou de Hollande, qui ne vous appelle pas « mon Doudou » comme on peut le lire dans la presse, mais qui en revanche appelle son Doudou « Emmanuel Macron », bref vous êtes énervant.

Tout le monde y va d'ailleurs de sa petite formule pour vous définir, la preuve – s'il en fallait une – que vous êtes une star, monsieur Makrout ! Le patron du PS, Jean-Christophe Cambadélis vous qualifie de « start-up ». C'est sûr qu'à vos côtés, Cambadélis c'est une usine désamientée au fin fond du Nord-Pas-de-Calais.

Le président du groupe socialiste au Sénat, Didier Guillaume, dit de vous : « Il est passé par ici, il repassera par là. » En privé, hein. En public, il dit plus sérieusement que vous êtes « une poule sur un mur qui picore du pain dur ».

Martine Aubry, elle, le résume plus rapidement, puisqu'elle dit simplement : « Macron, ras-le-bol. » Une phrase lapidaire qui démontre au moins un certain sens de la synthèse.

Bref, vous êtes moderne, vous êtes un ministre Apple 2.0 dans un gouvernement Windows 5.1. Que voulez-vous, c'est le progrès…

Mais on peut quand même avoir de la tendresse pour les vieilles bécanes et de la nostalgie pour la grande gauche française. D'autant que, comme le cheval d'Attila, derrière vous, les roses du socialisme auront peut-être un peu de mal à repousser.

22 novembre 2015

Le théâtre est vivant

Confidence de l'auteur : cette bio, qui n'en est pas une, et que j'ai appelé « Le Théâtre est vivant » suit d'une semaine l'attentat du Bataclan. J'étais en tournée ce soir-là, et j'avais besoin de crier haut mon amour du théâtre. On me l'a souvent demandé : oui, l'anecdote de l'hôtel à Nantes est authentique. J'en profite d'ailleurs ici pour embrasser Marianne et Jonathan.

Bonjour à tous. Non, câlin à tous. Non, gros câlin à tous… Partouze en fait ! Oui, je me demande si ça n'est pas ce qui nous ferait le plus de bien. Pas là tout de suite sur ce plateau, mais, par exemple, j'ai vu qu'une Partouze géante était organisée place de la République, qu'est-ce que vous faites, vous y allez, vous ? Marisol Touraine et Jean-Yves Le Drian ont confirmé leur venue, c'est excitant.

Moi je ne sais pas encore.

Chers téléspectaschtroumpfs, comment vous dire ? J'espère que ça va. Et si ça ne va pas, j'espère que ça ira.

La vie reprend lentement son cours, le sang qui s'est glacé dans les veines vendredi reprend petit à petit le chemin du cœur et moi le chemin vers vous. Parce que nous ne nous sommes pas vus dimanche dernier, l'émission enregistrée avec Emmanuel Macron n'a pas été diffusée.

C'était une émission très bien, avec des questions posées par Ali, parfois même des réponses données par le ministre, parfois hop une page de pub quand on ne s'y attend pas. D'ailleurs même les pubs étaient très bien, elles se suivaient bien, y avait du rythme, de la cohérence : un yaourt, une voiture, hop re-un yaourt.

— Ah bon ?

— Oui, mais aux fruits !

— Ah génial !

Enfin vraiment une belle émission. La bio interdite était très bien aussi, quand je lui disais : « Hé Manu tu descends »… *(Il rit seul.)* Avec également cette blague, vous vous souvenez, quand je lui disais : « En tout cas c'est pas à Bercy qu'on va manger du bisteak ! » *(Il rit encore plus seul.)* Bon enfin c'était plus drôle dans le contexte, mais tout ça pour vous dire que je suis bien content de vous retrouver aujourd'hui et d'être enfin sorti de chez moi. Oui, parce que globalement mes derniers jours ont quand même beaucoup consisté à boire des boissons plus ou moins alcoolisées avec des amis plus ou moins traumatisés devant des chaînes d'info plus ou moins continues. Pas contenues, non ça, elles le sont plutôt moins que plus.

C'est pourquoi j'avais envie de vous dire ces mots en vrac :

La vie reprend, les gorges se desserrent, les restos rouvrent et les spectacles rejouent. Il faut reprendre le chemin des théâtres.

N'abandonnez pas les théâtres, les théâtres ont toujours été des refuges, des foyers, des abris sous les bombes, pour les acteurs qui s'y calfeutrent souvent dès 18 heures parfois même 17 heures quand c'est l'hiver et que la nuit tombe, pour les régisseurs, les habilleuses, les costumières, qui sont autant d'âmes réconfortantes qui peuplent les coulisses, mais aussi pour les spectateurs qui ne risquent rien. La seule chose que vous risquez, c'est de vous rire dessus, de vous émouvoir, de vous consoler les uns contre les autres, d'y exorciser vos chagrins, d'y contempler vos contradictions et peut-être même de vous réconcilier. Et qui sait, de vous taper un ouvreur ou une ouvreuse derrière le bar du théâtre, alors ça vaut drôlement le coup !

Parce que ce n'est pas dans les théâtres qu'on se piétine les uns les autres, ce n'est pas dans les théâtres qu'on court après le temps, l'argent ou l'actualité la plus brûlante et la plus sensationnelle.

Arrêtons cette course à l'info, calmons un peu nos appétits et notre soif d'image, nous savons l'essentiel. Coupons le robinet des chaînes d'info qui déversent en continu ce flot anxiogène et paralysant.

Et sortons au théâtre et au cinéma, c'est dans les salles obscures que la lumière reviendra en premier, et avec elle la confiance.

Allons rire et pleurer.

Pour rire à Paris – honneur aux femmes –, il y a Muriel Robin, il y a Valérie Lemercier ou Catherine Frot.

Cécile Duflot, on m'a dit que vous étiez encore en rodage pour votre one-woman show ?

Il y a aussi l'indispensable François Rollin, il y a Jérôme Bel, Marivaux, y a des chics types un peu partout.

Y a un spectacle qui s'appelle *Ma femme me prend pour un sex-toy*, faut y aller : trois T dans *Télérama* !

Alors ça c'est à Paris, mais y a des spectacles partout : à Bordeaux, à Fréjus, à Béziers, à Guingamp, partout...

Sauf à Levallois. Mais à Levallois, il y a les séances du conseil municipal, alors ça remplace.

Au cinéma il y a Amy Schumer, et bientôt Karin Viard, Cate Blanchett et Natalie Portman.

Restons serrés les uns contre les autres. #portesouvertes, #brasouverts #d'autrespartiesducorpsouvertes.

Samedi soir, le lendemain des attentats, je jouais mon spectacle à Nantes. J'avais décidé de jouer pour une raison très égoïste : après une quasi-nuit blanche et une matinée bien pâle aussi, j'ai pensé que je serais mieux dans un théâtre que devant BFMTV. Et les gens sont venus.

Et les gens sont restés, après le spectacle, au bar, à boire du Chardonnay et à picorer les petits biscuits apéritifs chinois infâmes (si c'est pas cancérogène ça, je ne sais pas ce que c'est). Et moi je suis resté avec eux. Et puis le théâtre a fermé, nous sommes allés, une demi-douzaine de spectateurs et moi, dans un autre bar qui par mesure de sécurité avait fermé, alors nous sommes allés dans un autre bar qui par mesure de rester en vie était resté ouvert. Et puis quand tout a fermé nous sommes allés, toujours avec ces spectateurs parfaitement inconnus deux heures auparavant, chez l'une d'entre elles, une spectatrice, qui vivait en banlieue de Nantes, qui nous a reçus comme des amis, et qui sur les coups de 4 heures du matin s'est même mis en tête de nous faire une soupe de butternut (le butternut étant un de ces légumes sophistiqués qui se la pètent encore plus que Donald Trump et Booba réunis).

Et la soupe à 4 heures du mat' elle l'a faite, ivre de bière et de tequila, mais joyeuse et vivante et belle. Parce que mazette, les Nantaises sont canon ! La preuve : Sylvie Tellier, Lynda Hardy et Claude Sérillon sont nantaises !

Et puis, à 5 heures, j'ai voulu rentrer à l'hôtel, deux autres spectateurs – pour protéger leur anonymat on les appellera Marianne et Jonathan... bon c'est leurs vrais prénoms alors je ne sais pas si ça les protège très bien –, Marianne et Jonathan ont voulu rentrer là où ils devaient dormir, dans un appartement prêté par une copine, et puis comme ils ne retrouvaient ni leurs clefs ni l'envie de défaire ce drôle de lien, imprévu, fragile, que la tuerie de la veille avait tendu entre nous, ils sont venus dormir à l'hôtel avec moi, dans mon lit. Ça reste entre nous d'accord ? Faut le dire ni à mes parents ni au patron de l'hôtel Mercure !

Alors voilà, tout ça c'est la preuve – s'il en fallait une – qu'aller au théâtre est une aventure. Qui peut mener à tout : des rencontres, un mariage, un butternut ou des fous rires… Le théâtre – comme nous – est vivant. Vivant, c'est-à-dire une fête de tous les instants.

Bon dimanche.

6 décembre 2015

Mohammed Chirani,
spécialiste de l'islam
et de la radicalisation
Philippe Ségalat, courtier
en art contemporain
Bernard-Henri Lévy,
philosophe et écrivain

Quoi ? Ben j'attends que Karim Benzema revienne des toilettes. Il n'est pas aux toilettes ? Il est où ? Pas là ? C'est l'homme de la semaine Benzemouille et il est pas là ? C'est nul.

Parce que je ne vais pas vous mentir mais *(il regarde Bernard-Henri Lévy)* hormis BFM, là je ne connais personne. Et puis je ne me suis pas renseigné, ne le prenez pas mal, c'est pas que je m'en tamponne le coq au vin, c'est simplement que… je m'en tamponne le coq au vin, faut dire ce qui est…

Alors que l'affaire Benzema, c'est génial. En plus je l'ai vu la sexe-tape, moi… ben, pardonnez-moi mais c'est autre chose que les films d'HLM là. C'est génial. En plus, du cul et du foot, si c'est pas Canal ça, je ne sais pas ce que c'est, franchement.

Bon alors Philippe Truc là…

Non parce que c'est quand même plus à nous de nous exprimer là-dessus qu'à Manuel Valls ! Moi je trouve ça hallucinant… ou désespérant je ne sais pas, d'entendre Manuel Valls s'exprimer publiquement sur une affaire de sexe-tape. Non ?

Bon, enfin…

Alors, Philippe, vous…

Non, parce qu'on nous dit que c'est l'état d'urgence, que c'est la guerre, le moral des Français doit avoisiner à peu près les 0,2, et le Premier ministre s'exprime au micro d'une station de radio nationale sur une histoire de cul (parce que c'est une histoire de cul, ni plus ni moins) et d'un éventuel chantage orchestré par un sportif homophobe. Enfin homophobe, attention il ne faut pas exagérer ! Benzema a juste dit « tarlouze », en précisant que c'était plutôt amical pour les gens de sa génération. Et moi qui en suis (de sa génération), je confirme ! Tarlouze, c'est amical. C'est comme « chienasse » qui est quand même vachement affectueux, moi je vois j'appelle ma propre mère chienasse, depuis que je suis tout petit, elle est ravie.

Bon et puis y a plein d'autres petits mots d'amour – pour les gens de notre génération encore une fois – que j'ai compilés sur ce petit bristol, par exemple « Face de pet » « pine d'huître », « mange-merde », « glandu », « pédé du cul », y a aussi « footballeur de ligue 1 », mais enfin celui-là je le trouve presque un peu discriminant.

Donc moi mon opinion sur cette affaire, pour être un peu plus sérieux, mon opinion c'est qu'on s'en fiche. De toute façon, ça fait un bail qu'on sait que l'Équipe de France de Football est un savoureux mélange de la mafia napolitaine et des pires éditions de *Secret Story*.

Voilà comme ça, je me suis bien fait des amis.

Bon alors rapidement, les invités du jour. Comme je vous le disais, c'est décembre, c'est l'État d'Urgence, je me sens un peu mal et un peu seul, alors j'ai donc décidé que vous serez qui j'ai besoin en ce moment.

Alors, Mohammed, vous êtes mon nouveau mec, vous m'aimez plus que tout et vous m'offrez de beaux bijoux, des fleurs pour mon appartement, des parfums à me rendre fou, et des capsules Volluto, chéri, parce que ta mère les a encore toutes sifflées. Ça vous va ? Attendez…

Vous êtes architecte et milliardaire et par conséquent vous venez de me construire à l'œil une grande villa sur la Côte d'Opale, alors c'est très gentil à vous, mon amour, mais on est bien d'accord que pour le sol on part sur des tommettes hein ?! Je vous préviens, si je vois une demi-lame de parquet flottant, je vous la fais bouffer.

Quant à vous, Philippe Segalot, bon ben déjà il faut choisir, soit vous êtes Philippe Seguin, soit vous êtes Jacques Seguela, mais vous ne pouvez pas rester au milieu, vous gênez tout le monde.

Et ensuite, Philippe, j'ai hésité et puis finalement vous êtes champion de free-fight en minimes. Vous avez développé le programme Minciflex et vous me coachez tous les mercredis au jardin des Tuileries, 10 minutes d'échauffement 15 séries de fentes avant et côté et viande blanche à volonté.

Voilà. Bon, et sinon pour de vrai, Philippe Segalot, vous êtes courtier en art contemporain, ça se la pète. En anglais, ça se dit « Art advisor & Private dealer », c'est indécent à quel point ça se la pète !

Mais ce qui est commode, c'est qu'en tant que courtier, vous pouvez facilement nous chiffrer la valeur de cette table, ou même de ce BHL directement ! En tout cas, vous pouvez au moins nous le dater et nous dire s'il s'agit d'une œuvre d'art contemporain ou plutôt d'art abstrait.

Bon, et monsieur Chirani, alors vous-même si vous êtes né à Bourg-en-Bresse, vous avez depuis quelques jours une vie d'un romanesque ébouriffant, puisque vous êtes tout simplement menacé de mort par Dash 2en1. C'est dire que vous avez quand même dû faire une grosse grosse tache.

Ça fait peur. C'est d'un courage insensé, mais ça fait peur. J'aurais jamais pensé dire ça un jour, mais je préfère BHL.

BHL vous n'êtes pas menacé par grand monde vous ? Un peu Michel Onfray et un peu de crème pâtissière, bon ben ça si je suis au milieu je peux gérer.

Bernard-Henri Lévy.

Vous êtes un gros calvaire.

Pour un chroniqueur, un humoriste, même pour un biographe officiel, vous êtes un gros calvaire, tout a tellement été dit, entendu, caricaturé (par vous le premier) que toutes les plaisanteries ont déjà été faites.

Et en plus vous assumez tout : toutes les postures, toutes les exagérations, tous les ridicules, vous assumez tout. Même votre homosexualité. Non, c'est pas très drôle, mais y a plus de blagues j'vous dis, moi je peux pas travailler dans ces conditions.

Et pourtant j'ai tout lu. Et le mot qui revient le plus à votre sujet, dans tout ce que j'ai pu lire, c'est le mot « Bernard », en deuxième c'est le mot « Henri » et en troisième c'est le mot... ? non, « controverse »

La controverse est une notion inhérente à vous-même.

On a tous comme ça des notions inhérentes à nous-même, Ali par exemple, c'est la notion moderne de « charme », Marc c'est la notion, plus désuète de « pied-de-poule » et puis moi y en a deux, ex æquo, la notion de mélanome et la notion un peu floue de « c'est qui çui-là déjà ? »

BHL, vous êtes peut-être controversé, mais vous n'avez jamais été mouillé dans une affaire de sex-tape, et malheureusement la formule est ambiguë...

Bernard, ce que l'on sait peu, c'est que vous vivez rue du Cirque. Catherine Deneuve vit rue Madame, Steevy rue des Boulets, et vous rue du Cirque. Paris est décidément une ville logique et belle. *Fluctuat nec logicus*, comme on dit en Thaïlande démocratique du Congo.

Mais, attention, je ne suis pas sûr que l'on puisse donner son adresse comme ça, si ?

Bon et puis bien sûr, Bernard, vous êtes le philosophe préféré de... et là j'avais laissé un blanc en me disant je trouverais bien un nom à écrire, et puis j'ai pas trouvé... Je vous laisserai mon texte, et vous remplirez.

Vous pensez que le monde a besoin de penseurs. Et comme vous pensez – notamment que le monde a besoin de penseurs –, eh bien vous pensez que le monde a besoin de vous.

Et comme le monde n'a pas de bouche, il ne peut pas vous contredire.

BHL, vous êtes écrivain philosophe cinéaste romancier essayiste dramaturge, chroniqueur, volailler, tripier, tourneur fraiseur, mannequin, opticien lunetier, sorbetier, maître-nageur sauveteur secouriste, en semaine et le week-end vous êtes volleyeur, styliste, Manneken-Pis, sosie de vous-même, joaillier, geôlier, président de Suède, confectionneur de petits napperons selon la tradition de Haute-Garonne, barbier, barman et Barbra Streisand.

Mais vous êtes surtout connu pour une belle carrière de Chippendale du buste.

À ce propos, je vous ai apporté un petit cylindre de nacre troué. Un bouton, absolument.

La découverte de la pénicilline, c'est vous. Juste après celle de l'Amérique.

La fusée Ariane, c'est vous qui l'avez assemblée pièce par pièce, sans vous faire la moindre tache de camboui, Les étagères Billy, c'est vous.

Le gramophone, les K-Way, les Pom' Potes, tout ça, c'est vous.

Carglass, c'est vous ! La sauce soja, c'est vous !

L'imprimerie… non c'est Gutenberg, dites donc un peu d'humilité, ho !

Vous avez tout fait. Non y a une chose que vous n'avez pas faite, contrairement à ce que vous dites. Vous n'avez pas écrit *La Recherche du temps perdu*. Mais vous l'avez dicté.

20 décembre 2015

Pierre Bergé, homme difficile à qualifier en quelques lignes

Faut qu'on se méfie parce que je trouve qu'on reçoit des gens de plus en plus pauvres dans cette émission. Alors je sais que le nouvel actionnaire est un type un peu dans le besoin, mais faut qu'il arrête de nous envoyer tous ses copains, parce que c'est pas l'Armée du salut !

Chers amis, c'est bientôt Noël : les guirlandes, les sapins, les repas copieux, le fait de vomir des repas copieux, les oncles alcooliques qui ont un humour de fin de repas et une nostalgie tenace du maréchal Pétain, bref la féerie de Noël ! Alors, exceptionnellement cette semaine, un petit jeu concours avec un cadeau à la clef. Répondez à la question suivante :

Pourquoi je ne me réunis pas chaque semaine à l'étage de la Rotonde à Montparnasse avec Philippe de Villiers, Éric Zemmour et Patrick Buisson ?

A) Parce que ce sont des garçons trop révolutionnaires progressistes pro-gender ?

B) Parce que je n'en ai pas envie… et que je préférerais de loin me faire ligaturer les trompes sans anesthésie plutôt que d'assister à ça ?!

Vous répondez sur papier libre ou par SMS, et vous gagnerez peut-être un sublime séjour pour deux au Puy du Fou, et une très jolie ceinture de chasteté dédicacée par Laurent Wauquiez. Ainsi qu'une petite Christine Boutin en pâte Fimo.

Bonjour, Pierre Bergé.

Je suis ravi de vous rencontrer. En vrai ! Vous êtes beau. Déjà quand vous aviez enfilé la peau de Guillaume Gallienne, puis de Jérémie Renier je vous avais trouvé drôlement bien fait, mais en vous, vous êtes encore mieux.

Pierre, cher Pierre, vous êtes né le 14 novembre. Vous remarquerez que je ne donne pas l'année, pas par flagornerie ou courtisanerie, mais simplement parce que quand on a passé une vie dans les livres et au bras de Saint Laurent, je pense qu'on a toutes les chances de rester à jamais un jeune homme.

À l'âge de dix-huit ans, vous quittez La Rochelle, et vous débarquez à Paris, vous partez pour une balade sur les Champs-Élysées voir… la Fnac, Sephora, le Disney Store, la Brioche Dorée, enfin les Champs-Élysées, Paris quoi ! La magie de Paris ! Vous vous baladez gaiement, quand soudain vous levez le nez, vous voyez un homme traverser une porte-fenêtre, tomber dans le vide et s'écraser à vos pieds. Une ambulance l'emporte, en sang. Le lendemain, vous apprenez qu'il s'agissait de Jacques Prévert… Les feuilles mortes se ramassent à la pelle, et les poètes se ramassent à vos pieds, Pierre.

Votre maman était anarchiste. Alors pour l'embêter, vous devenez copain avec Mitterrand. (Blague de gauchiste.)

Aujourd'hui, Pierre, vous venez nous parler de cette vente qui excite les acheteurs, les journaux et surtout les bibliophiles. Alors, avant que la Manif pour tous ne nous saute à la gorge, je rappelle que la bibliophilie n'a rien d'illégal ou de pervers, il ne s'agit pas de se tripoter chez Gibert Joseph, c'est simplement l'amour des livres.

Ça s'emploie aussi en cas de rapport anal avec Bernard Pivot, mais moins je crois, nettement moins.

Vous vendez votre collection de livres, votre « collec' » comme on dit quand on est jeune ! D'ailleurs moi quand j'étais jeune je faisais collec' d'étiquettes de melon. J'étais cucurbitaphile. *(Il s'aperçoit qu'il n'intéresse personne.)* Voilà…

Pierre, cette bibliothèque fait de vous un homme riche. Intellectuellement j'entends, puisqu'elle ne vous a rapporté pour l'instant que 11 millions d'euros, donc c'est peu.

Vous dites : « Cette bibliothèque est un autoportrait. »

C'est très beau. Surtout qu'entre des manuscrits de Montaigne, de Breton, et un Flaubert dédicacé à Hugo évidemment c'est chic !

Moi j'ai jeté un œil à la mienne… bon eh bien à première vue c'est moins flatteur. Déjà c'est une étagère Billy à moitié vermoulue achetée en trois fois sans frais à l'IKEA de Franconville, et dedans j'ai distingué *Le Robert*, *Le Livre des Records 98* et un DVD de Patrick Timsit, ça m'a fait baisser de 88 % en self estime.

Pierre, dans votre vie il y a eu trois rencontres déterminantes : Giono, Cocteau et Saint Laurent. C'est pour cela que de votre bibliothèque vous ne conserverez que trois originaux dédicacés de chacun de ces hommes de votre vie : *Accompagné de la flûte*, le premier livre de Giono qu'il vous signe, *Requiem* de Cocteau où il vous griffonne toute sa tendresse, et un Post-it de Saint Laurent où l'on peut lire : *Chéri j'ai vomi sur le tapis en coco fais-le vite nettoyer.*

P.-S. : Il reste des lasagnes dans le frigo.

P.-S. 2 : Ah non elles sont sur le tapis.

P.-S. 3 : Le temps que j'écrive ce post-it, la bonne a nettoyé.

P.-S. 4 : On a bien fait d'acheter des gros post-it.

P.-S. 5 : Quand tu rencontreras un certain Vincent Dedienne, tu seras tenté de lui verser l'intégralité de ta fortune, n'hésite pas, c'est un chic type.

Bon dimanche !

Nicolas Sarkozy, Ancien petit président de la République

Inédit

Nicolas, vous êtes né le 28 janvier 1955, et vous êtes mort médiatiquement le 2 février 2017 après un burn-out en plein journal télévisé de 20 heures, pendant lequel vous révélez consommer régulièrement la cocaïne la moins coupée d'Europe et vouloir – je cite – « dominer la planète ».

Et, soudainement, je me demande si je ne confonds pas « bio interdite » et « mon vœu le plus cher »…

Juliette Gréco, chanteuse

Inédit

On n'est pas sérieux, quand on a dix-sept ans.
Un beau soir, foin des bocks et de la limonade,
Des cafés tapageurs aux lustres éclatants !
On va sous les tilleuls verts de la promenade.

Les tilleuls sentent bon dans les bons soirs de juin !
L'air est parfois si doux, qu'on ferme la paupière ;
Le vent chargé de bruits – la ville n'est pas loin –
À des parfums de vigne et des parfums de bière...
[...]

Nuit de juin ! Dix-sept ans ! – On se laisse griser.
La sève est du champagne et vous monte à la tête...
On divague ; on se sent aux lèvres un baiser
Qui palpite là, comme une petite bête...

Bonsoir !

C'est un poème d'Arthur Rimbaud, qui s'appelle *Roman*. C'est mon poème préféré. Si j'ai voulu vous le dire, c'est parce que je lui en veux. J'en veux à Arthur Rimbaud d'avoir vécu trop tôt. Je lui en veux d'abord de ne pas avoir été mon amant, ça pour moi c'est *la* grosse erreur de sa carrière, et je lui en veux de ne pas avoir écrit de chanson pour vous, Juliette.

Juliette, j'ai parcouru vos biographies, les officielles et les interdites, et personne n'ose donner votre âge véritable, tout le monde se trompe ou fait semblant.

Juliette, vous êtes née en 1999, vous avez dix-sept ans, et vous n'êtes pas sérieuse. Voilà plusieurs années que vous n'êtes pas sérieuse. Non, ce n'est pas ça, voilà plusieurs années que vous prenez très au sérieux le fait d'être une délinquante.

Et moi près de vous, face à vous, je me sens prêt à toutes les infractions, à tous les délits et à bien des canailleries.

Si demain vous me téléphoniez, au 06 10 72...... pour me dire : « C'est dimanche, je les hais, et si nous braquions une banque ? » ou « Vincent, je m'ennuie comme un petit oiseau sans son petit poisson, venez me chercher et faisons un casse au Casino de Palavas-les-Flots », eh bien sachez, Juliette, que je vous obéirais au doigt, à l'œil et au cœur.

Ne serait-ce que pour tâcher de vous rendre un peu des frissons que vous m'avez donnés depuis que je vous écoute.

J'imagine la une des journaux, l'air ahuri et la voix stupéfaite de Jean-Pierre Pernaut : « Hold-up à Palavas, deux suspects en fuite, selon nos premières informations, il s'agirait de Vincent Dedienne et de la chanteuse Juliette Gréco. »

Les yeux ronds comme des billes du beau gosse de BFM annonçant : « Des images bouleversantes qui viennent de nous parvenir et qui montrent la muse de Saint-Germain-des-Prés et le jeune comédien en train de faire des grimaces plus ou moins obscènes aux caméras de surveillance ! »

Pardonnez-moi, Juliette, je rêve et je raille, et en rêvant je déraille. Je rêve à la cavale éperdue et perdue d'avance qui pourrait nous jeter sur les routes d'Espagne et dans les bras l'un de l'autre.

Pour cette insolence et ce goût de l'aventure que vous me donnez, Juliette, merci.

La première fois que je suis venu à Paris, tout seul comme un grand, que mes parents m'ont laissé, nerveux et inquiets, à la gare de Mâcon-Loché, avec un sandwich au fromage de chèvre dans la poche de mon sac à dos et des Figolu dans un sachet fraîcheur Albal, quand j'ai pris le métro tout seul pour la première fois, je crois bien vous avoir rencontrée. C'était en plein après-midi sur la ligne 4. Il me semblait que c'était vous, assise là face à moi, rêvassant contre la vitre, mais je n'en étais pas sûr. Je me suis alors dit : « Si cette femme, très belle, très très belle, descend à Saint-Germain-des-Prés, alors c'est que c'est Juliette Gréco. Et si c'est Juliette Gréco, alors Paris est la plus belle ville du Monde et je veux y vivre. »

Quand le train est entré en gare de Saint-Germain-des-Prés, la femme très belle, très très belle, s'est levée, est descendue sur le quai et moi j'ai souri jusqu'à la fin de la journée. Plus tard, personne n'a voulu me croire : « Mais, enfin, Juliette Gréco ne prend pas le métro », « Pff, n'importe quoi », « C'est ça, et moi j'ai vu Liz Taylor au cocciMarket. »

N'empêche, moi, je suis sûr que c'était vous. Pour ce trajet en métro, pour m'avoir ouvert les bras de la capitale, merci.

Pour cette coupe de champagne partagée il y a quelques mois dans votre loge au Printemps de Bourges, merci.

Pour le regard de votre fiancé Gérard Jouannest qui rôdait à l'entrée de la loge, jaloux et inquiet de ce jeune homme à vos pieds, merci.

Pour la façon de dire « Du même Serge Gainsbourg, la Javanaise », merci.

Pour la façon dont toujours vous faites semblant de jouer de l'accordéon sur vos hanches coquines, merci.

Pour chanter encore *Déshabillez-moi* avec autorité, merci.

Pour votre malice, pour vos dix-sept ans, pour votre beauté, Juliette, merci.

Et parce que ça ne vous ressemblerait pas de finir cet éloge sur un mot trop poli, pour vos concerts à venir, Juliette, merde !

17 janvier 2016

Rachida Dati, femme politique française, ancienne ministre de la Justice

Rachida Dati, le contrat de confiance…

Rachida Dati vous datez… du 27 novembre 1965, date à laquelle vous naquîtes, près de Chalon-sur-Saône où j'ai fait mon lycée en option théâtre, dans la classe de Mme Cadoux. Après l'obtention d'un baccalauréat mention Bien, je pars faire mes études en Arts du Spectacle du côté de Lyon, avant d'intégrer la prestigieuse école de la Comédie de Saint-Étienne en 2006, où… ah non je suis en train de faire ma bio à moi, pas la vôtre, pardon. Je me disais : « Tiens, ça me passionne c'est pas normal ! »

Rachidadadati ou Rachidati pour aller plus vite ou Rachiti pour aller trop vite, dès vos quatorze ans, c'est la débrouille ! Sorte de MacGyver en talons aiguilles, vous multipliez les petits boulots : porte-à-porte pour vendre des produits cosmétiques (ce qui vous donne aujourd'hui cette connaissance inégalée du cosmétique international), animatrice de centre aéré (ce qui vous donne cette connaissance inégalée de l'aération) et étudiante en médecine (ce qui vous donne cette connaissance inégalée de… la première année de médecine).

Et puis un beau jour (ou peut-être une nuit, ça c'est pas très clair dans votre bio !), votre vie bascule : un voisin vous vole votre nouveau catalogue 3 Suisses, vous vous fendez d'un courrier pas piqué des vers, et c'est un triomphe : il vous le rend même pas corné ! Vous comprenez soudain (ou tout à coup, ça, j'ai pas vérifié) que ce hobby épistolaire pourrait vous mener très loin…

Grisée, vous devenez courriophile et vous écrivez à tout ce qui bouge et qui pourrait vous faire bosser : Anne Lauvergeon, DSK, Martine Aubry, Jacques Attali, Pocahontas, tout le monde ! À l'opposé de la majeure partie de vos collègues politiques, vous faites carrière sans diplômes mais avec des lettres.

Seule votre lettre au Père Noël, écrite en décembre 1976, serait restée sans réponse. Un silence outrageant que vous outragerez à votre tour en déclarant : « Quand je vois sa carrière pathétique, pauv' fille. » *(Ndla : référence au clash avec la journaliste de France 2, Élise Lucet, en septembre 2015.)*

Depuis, on vous a prêté des relations et des intrigues avec à peu près l'ensemble du personnel politique et financier, faisant de vous une courtisane, une ambitieuse.

À la fin des années 90, c'est Simone Veil qui vous prendra sous son aile et vous incitera d'abord à vous en dégager, pour des questions sanitaires évidentes, et à intégrer l'École nationale de la magistrature. Simone Veil vous offrira même votre robe de magistrate le jour de votre prestation de serment. Se faire offrir une robe par Simone Veil, c'est comme se faire offrir des couilles par Schwarzenegger, c'est tout un symbole.

Et puis un jour enfin, le rêve, l'accomplissement, vous recevez LA lettre enfin LE mail enfin UN texto de votre idole : Nicolas Sarkozy. Lors de votre premier entretien, vous racontez vous être regardés intensément et vous être choisis l'un l'autre…

C'est beau. Ça me rappelle un livre de la collection Harlequin, qu'adorait ma grand-mère : *Un amant argentin*. Non, *La Brûlure d'un baiser*. Non, *Une coupable passion*. Ou *L'Héritier du destin*, je ne sais plus.

Votre entretien d'embauche est un véritable coup de foudre de roman de gare… qui vire assez vite en lune de fiel ou en guerre des Roses, puisque vous ne cessez depuis de vous déchirer sans pouvoir tout à fait vous quitter.

Passion en Louisiane, voilà, c'est celui-là !

Une fidélité sarkozyste qui s'explique, puisque c'est tout de même lui qui vous a promue au ministère de la Justice…

Alors qu'est-ce qu'on retient de cette période place Vendôme : quelques jolies fringues que vous oubliez de rendre aux créateurs, quelques frais de représentation délirants… mais ce sont là des broutilles puisqu'on retiendra évidemment et surtout la loi… euh… sur les… euh… ben si, le projet de loi sur… tout ce qui sera justice et… Ah oui, et puis on retient surtout que vous retournez au travail cinq jours seulement après avoir accouché.

Et, à cette époque, une somme extravagante d'oiseaux de mauvais augure, de persifleurs, et autres Axelle Lemaire-le-moqueur vous sont tombés dessus. Alors qu'on sait bien que les mamans qui travaillent ça autonomise les enfants. Je l'ai lu dans Lesmamansquitravaillentçaautonomiselesenfants Magazine.

Rachida, depuis 2012, vous avez fait moins le buzz que Nabilla mais 1000 fois plus que les Frères Jacques donc on peut dire que vous demeurez une personnalité qui compte beaucoup. Enfin qui compte. Enfin une personnalité.

Et puis bien sûr votre cheval de bataille, c'est la lutte contre la radicalisation. Vous êtes la seule femme d'un observatoire présidé par Éric Woerth et composé entre autres d'Éric Ciotti, Guillaume Larrivé ou autre Georges Fenech, comme son nom l'indique.

Bon dimanche.

24 janvier 2016

Najat Vallaud-Belkacem, toujours ministre de l'Éducation nationale
Jérémy Ferrari, humoriste
Nicolas Ghesquière, directeur artistique de la maison Vuitton

Najat, vous étiez ma première fois ! Vous en souvenez-vous ? Ma première bio… Et comme toutes les premières fois je m'en souviens comme si c'était hier. Non je n'ai rien oublié : mes mains moites, mon cœur serré, vos yeux fous et ma mère qui devait être la dernière en Europe à utiliser une VHS pour enregistrer mon passage télé…

Vous êtes un peu ma first lady, et comme toute first lady qui se respecte, bon ben c'est vrai que je me comporte un peu en mufle, je vous cache, je vous assume pas… C'est vrai qu'on nous voit très peu ensemble, j'ai envie qu'on reste discret, et je crois que les Français le comprennent et le respectent.

Depuis l'année dernière de l'eau a coulé ou stagné ou croupi sous les ponts, ça dépend des sujets.

Alors je ne vais pas vous re-biographer, ce serait grotesque, et puis ma mère se sentirait obligée de ré-enregistrer par-dessus l'enregistrement, elle n'y arriverait pas, elle demanderait de l'aide à mon père qui l'engueulerait, ça ferait un bordel sans nom dans tout le Haut-Mâconnais ! Quarante ans de mariage foutus en l'air à cause de vous, merci !

Alors… si vous voulez bien, eu égard à l'inédit de la situation, je vous propose plutôt une revue de ces seize derniers mois !

Depuis pour moi tout a changé, évidemment, ma maman a découvert le replay et moi le showwwwbizzzzzness, j'ai rencontré des gens très connus comme Anne-Élisabeth Lemoine, des portes se sont ouvertes, j'ai tutoyé les puissants et puis bien sûr j'ai sombré dans le cauchemar de la drogue et des relations sexuelles tarifées, bref la Grande Vie.

En ce qui vous concerne les changements sont plus subtils : vous êtes toujours au gouvernement, toujours à vous taper les dossiers sensibles, toujours traitée de fayote par des socialistes de trois fois votre âge… Cela dit, non ça a changé : on peut un peu moins vous considérer comme un bébé depuis l'arrivée d'Emmanuel Macron ! Ça doit vous soulager… Reste plus qu'à faire entrer Louane au ministère des Transports et vous verrez qu'on vous traitera comme un « ténor ». Vieux, en politique, ça se dit ténor. « Alain Juppé est un ténor de la politique », non non il est vieux tout simplement.

En septembre dernier, vous avez déclaré dans *Paris Match* : « Souvent, je ne me sens pas à ma place. Chaque fois que je saute des haies, j'ai l'impression de me retrouver à un mariage où je ne suis pas invitée. » Donc soit vous êtes Jean-Claude Van Damme, soit vous êtes un cheval, soit vous mélangez la prise de psychotropes et la vodka.

Mais le grand changement de votre vie c'est dans le privé que ça se passe puisque vos jumeaux ont échangé leur place dans leurs lits superposés.

Jérémy… Faire rirc Jérémy Ferrari, évidemment, c'est pas une sinécure. Enfin je pense. Je pense que c'est pas une sinécure, mais je n'en suis pas certain eu égard au fait que je ne sais pas ce que ça veut dire « sinécure ».

M'enfin disons que faire rire un humoriste, c'est chiant. C'est comme inviter Joël Robuchon à dîner, c'est chiant. Ah si, il est chiant Robuchon ! Autant Fleury Michon est un type chouette, autant Robuchon faut se le farcir.

Jérémy, vous êtes né en 1985, à cette époque Ali Bongo n'est pas encore président de la République du Gabon. Enfin, il n'est pas encore élu. Enfin pas comme on l'entend… Enfin bref. Vous naissez sur fond de guerre froide et d'attentats chiites, ce qui vous a sans doute donné cet intérêt pour ces sujets. C'est normal, ça nous conditionne. Moi, par exemple, je suis né l'année de ma naissance, bon ben du coup j'ai fait un spectacle sur moi.

Jérémy Ferrari, vous avez eu une première télé, et puis beaucoup d'autres après, ce qui vous permet entre autres d'avoir le 06 de Jean Benguigui, mais surtout de faire salle comble avec vos spectacles comment dire... légers ! Après avoir écrit et joué un spectacle autour des religions vous faites actuellement la promotion de *Vends deux-pièces à Beyrouth* un spectacle sur le terrorisme, les conflits planétaires, les attentats du 13 novembre, enfin bref des sujets... potaches.

Vous avez sans doute trop les jetons pour vous attaquer aux VRAIS sujets, mon vieux ! Les vrais sujets qui sont – je le rappelle – les différences homme-femme, le limogeage de Julien Lepers et le manque d'autonomie de la batterie de l'iPhone 6. Ben oui, mais faut se mouiller !

Et alors on ne le sait que trop peu mais vous avez interprété Rimbaud au Théâtre ! Je suis sûr que vous étiez super. En revanche j'ai appris que c'était Titoff qui jouait Verlaine et donc je comprends mieux la colère des assos LGBT.

Jérémy, vous êtes sans le savoir la réponse à deux questions que je me suis toujours posées.

La première c'est : « Peut-on être drôle quand on est né à Charleville-Mézières ? »

Et la deuxième c'est : « Peut-on faire carrière dans l'humour quand on dispose d'une ressemblance physique et patronymique troublante avec une porn-star internationale ? »

En effet, il y a quelques semaines dans cette émission, nous découvrions l'existence de Manuel

Ferrara, star française du X. Et pardonnez-moi, Jérémy, mais la ressemblance est troublante. Regardez. (*Des photos de Manuel Ferrara défilent – plus ou moins équivoques – sur lesquelles il ressemble effectivement à Jérémy…*)

Le doute n'est plus permis Jérémy, la mascarade a suffisamment duré ! Vous n'êtes qu'une seule et même personne. C'est ça votre secret, un secret que je respecte et que je ne dévoilerai pas. En tout cas pas à la télévision à une heure de grande écoute dans un magazine d'actu ambitieux présenté par un quadra sexy et prestigieux. *(À Ali :)* Calme-toi, je parle de *Vivement dimanche*.

Sans transition, Nicolas Ghesquière. On dirait un vin du Vaucluse, Château-Ghesquière 71, qu'on trouve chez Nicolas d'ailleurs comme quoi tout se tient. Très bonne année 71, puisqu'elle est la vôtre. En effet, vous avez quarante-quatre ans et vous rayonnez bien au-delà de Carpentras puisque vous êtes aux commandes du prêt-à-porter féminin de Louis Vuitton, qui est la plus importante maison de luxe du monde, et dont bizarrement je ne suis pas l'égérie internationale… Pas encore. Mais c'est pour ça que vous êtes sur le plateau aujourd'hui, vous ne saviez pas comment m'approcher pour me le proposer ! C'est ce qui se murmure dans les couloirs… enfin c'est ce que JE murmure tout seul, depuis deux heures.

Alors vous, Nicolas, vous m'agacez : Charlotte Gainsbourg, Adèle Exarchopoulos, Kristen Stewart, Joana Preiss, Catherine Deneuve, Michelle Williams, Xavier Dolan, vous tenez les plus belles actrices du Monde dans vos bras ! Et c'est pas que ça me rend jaloux, c'est simplement que ça me rend JALOUX !

On a foiré quelque part, Jérémy, on aurait dû être stylistes. Parce que nous, on boit du rouge avec Chantal Ladesou, c'est bien aussi mais c'est une autre idée du glamour international.

Nicolas, le Monde est fou : vous êtes un ch'ti gars du Nord, vous pesez 38 kilos tout mouillé, et sur vos frêles épaules reposent bêtement tout le poids de l'industrie du luxe français, le chiffre d'affaires de Vuitton avoisinant les 7 milliards d'euros. Qui est un bon début, je trouve…

Votre impact est absolument dingue, vous dessinez et en dessinant, vous décidez de ce que sera la mode et donc notre paysage esthétique quotidien.

Si vous dites bleu, le monde est bleu, si vous dites à pois le monde est à pois, si vous dites caca d'oie, on vous dit : « T'es sûr ? »

Vous devriez en profiter pour faire des blagues et décider des choses improbables, comme « le retour du pilou-pilou pour les dîners en ville ».

Vous seriez viré, mais vous entreriez dans la légende. Bon, vous y êtes déjà. Bon, ben restez comme vous êtes, ne changez rien !

Voilà le Diable peut donc aller se rhabiller, en Prada ou comme il veut, Maman tu peux rembobiner ta cassette : bon dimanche et à la semaine prochaine.

31 janvier 2016

Jean-François Copé,
Candidat à la primaire
de la droite et du centre.
Homme neuf, qui a changé.
Et qui le dit sur toutes les chaînes.
Alain Weill, homme d'affaires français,
actionnaire de BFM
Éric Ripert, chef cuisinier,
patron du Bernardin à New York

Cher Ali, chers téléspectateurs, chers collègues, mesdames et messieurs les jurés... Je n'ai pas de bio interdite cette semaine.

Ce n'est pas de ma faute mais celle de Martin Weill qui est reporter au *Petit Journal* et qui cette semaine m'a offert sa Playstation 3 ainsi qu'une trentaine de jeux. Conséquence de cet irresponsable cadeau : un temps de sommeil considérablement réduit, une malnutrition croissante, un début de tendinite au pouce et une légère régression mentale. Mais pas de bio interdite.

Voilà, bon dimanche.

Voyant qu'Ali ne rend pas l'antenne, il enchaîne.

Ben oui, mais mettez-vous à ma place : j'ai eu toute la semaine le choix entre jouer à Tomb Raider et faire la bio de Jean-François Copé, alors comment dire... Ali, vous préférez passer la nuit avec Gisele Bündchen ou Angela Merkel ? Valentine, toi tu préfères te faire rouer de coups dans un parking par Vladimir Poutine ou prendre le thé en tête à tête avec Jean d'Ormesson ?

Bon, donc on est d'accord : la vie est une question de priorité, comme disait Tom Selleck.

Alors, fatalement, je n'ai rien sur vous, monsieur Copé, j'ai donc demandé à votre service de communication de me fournir une bio officielle toute faite, un service de com' qui est au taquet, vous allez le voir, puisque vous êtes en plein come-back. Comme Renaud ! Dont la nouvelle chanson aurait d'ailleurs pu être le titre de votre livre puisqu'elle s'appelle *Toujours debout*. Renaud, qui a aussi chanté – on s'en souvient – *Laisse béton*...

Donc la bio officielle (je la découvre en même temps que vous) :

« Jean-François Copé est le plus grand homme politique de tous les temps, ex æquo avec Gandhi.

« Il naît le 5 mai 1964, soit le lendemain de Rocco Siffredi avec lequel il partage le goût des bonnes choses, un talent d'orateur et – j'arrive pas à lire... – une certaine rigueur !

« Dès sa naissance, en 1985, par un curieux effet de répercussion l'espérance de vie des foyers occidentaux quadruple.

« À sept ans, il invente le prix Pulitzer avant de l'obtenir à huit.

« Doué d'une intelligence 36 fois supérieure à celle de Nicolas Sarkozy, il est dispensé d'études secondaires après avoir sauvé l'ours polaire de l'extinction.

« Jean-François Copé possède le permis poids lourd, un corps de rêve ainsi qu'une belle collection de qualités humaines comme la bienveillance, la bienveillance et la bienveillance. Il est tout à la fois baryton basse et soprano contre ut, parle couramment 78 langues, et réussit à merveille le saucisson brioché.

« Il a révolutionné le traitement de texte en inventant la technique du Copé-coller.

« Son sens aigu de la fête et de la beauté lui vaut également de donner son nom à l'une des plus belles plages du Brésil : Copécabana.

« Et par ailleurs on lui doit le succès retentissant de la 21e conférence sur le climat baptisée en son honneur la Copé21.

« Aujourd'hui Jean-François est un homme neuf, qui a changé ! »

Voilà ! Hé ben.

(À Ali :) Pardon, mais qu'est-ce qu'ils ont tous à changer en ce moment ? Et surtout qu'est-ce qu'ils ont tous à faire des livres pour dire qu'ils ont changé ?

La qualité *sine qua non* pour faire un livre il me semble que c'est de savoir écrire, pas d'avoir changé.

Cela dit, il y a une chose qui n'a pas tellement changé JFK, c'est votre impopularité. Ça, c'est votre seul problème. Cela dit, impopulaire aujourd'hui ça ne veut plus rien dire ! C'est la génération Buzz, alors un selfie avec les Maroon Five, ou un saut de l'ange dans un kilo de fumier sur Vine et en un quart d'heure votre fan-club compte plus d'un million de nouvelles adhésions ! Dont deux bons gros tiers de mineurs à peine pubères, je vous l'accorde, mais ce sont les électeurs de demain !

Alain, bonjour ! Vous avez plein de points communs avec Jean-François puisque d'abord vous avez le même prénom. Et comme lui, vous êtes fils de médecin, comme lui, vous êtes accro aux médias et comme lui, vous aimez beaucoup Jean-François Copé. Et sinon à part ça, je suis obligé de vous dire, monsieur Weill, que j'ai lu attentivement votre biographie et que je n'ai RIEN compris. Y a trop de sigles, trop de chiffres, trop de fric, trop de business, moi j'y comprends rien, j'ai pas les compétences.

(Il le dit à toute allure.) Ce que j'ai plus ou moins pigé, c'est qu'après des études à l'ISA, vous créez WRMC ce qui vous permet de vous offrir un voyage de benchmarking aux États-Unis. Très vite, vous rencontrez Isabelle salariée de TSF 100 à Toulouse que vous rachetez (je ne sais pas si c'est Isabelle ou TSF 100 ou Toulouse que vous rachetez mais en tout cas vous rachetez. C'est votre truc ça, de racheter !). À l'époque vous découvrez la transversalité de l'entreprise et vous franchissez

la porte de Sodexo où vous serez directeur général de OK Poivrier (on comprend RIEN DU TOUT je vous dis). Ensuite c'est RTL, avant de prendre les rênes de M40, et du SIRRP en 98. Mais en 2000, ça bifurque, NRJ postule au rachat de RMC alors vous réorientez tout vers le news and talk. Début 2004, cap sur la TNT grâce au CSA. Puis vous récupérez Groupe Tests pour 80 millions ainsi que *La Tribune* au Groupe LVMH par votre holding New Participations…

Et sinon vous avez trois enfants : Alice, Lucie et Jean, qui constituent la seule chose à peu près claire de votre parcours.

M'sieur Ripert. Vous avez un rapport avec Christophe Rippert, qui jouait dans *Premiers Baisers* ? Qui chantait *Un amour de vacances* !

(Il chante à tue-tête :) « C'est un amour de vacances, une histoire sans lendemain, mais à laquelle on repense les yeux pleins de chagrins. »

C'est pas vous, ça ? Dommage. Alors Éric vous êtes un grand…

(Soudain, il rechante encore plus fort :) « Il n'y a pas une seconde où je ne pense à toi ! »

Non ? Vous êtes sûr ? Bon.

Éric, ou Ricky, vous êtes un grand chef new-yorkais et j'aime bien quand on a des grands chefs sur le plateau. La dernière fois j'avais été très flatteur avec Jean-François Piège, je l'avais bien fait rigoler, je m'étais dit : « Il va sûrement m'inviter à dîner dans son restaurant »... Penses-tu !

Donc si vous voulez paraître moins rapiat que Piège vous savez ce qu'il vous reste à faire, monsieur Ripert. (Pour le billet d'avion, la classe éco fera très bien l'affaire. Mais un direct par contre, j'aime pas les escales.)

Donc, monsieur Ripert, vous êtes chef du restaurant Le Bernardin, à New York, où vous servez 400 couverts par jour... ce qui est un peu bizarre. Je me demande si vous ne feriez pas mieux de servir à manger plutôt...

Vous avez une enfance plutôt classique, vous grandissez entre Saint-Tropez et Andorre, ce qui vous donnera un penchant prématuré pour l'alcool et les cigarettes.

Vous dites : « Quand je travaillais bien, ce qui était rare, je demandais à dîner dans un grand restaurant ! »

Aujourd'hui, vous avez un fils de onze ans. Et comme vous ne voulez pas qu'il croie que la vie c'est du gâteau (ou du tout cuit, comme vous voulez, chef !), quand il ramène une bonne note à la maison vous le giflez. Mais quand il dîne dans un grand restaurant, pour le récompenser vous lui faites ses devoirs ! Sympa.

En tant que bouddhiste, vous dites : « Quand je cuisine une carotte, je deviens une carotte. » C'est fort. Mais la question que je me pose fatalement, c'est : « Puisque vous cuisinez quand même beaucoup de produits de la mer, est-ce que vous ne commencez pas à sentir un peu le varech ? »

Vous dites aussi quelque chose qui m'a infiniment plu et fait du bien : « Dans le passé, on gérait les cuisines en mettant l'accent sur l'humiliation. Aujourd'hui je promeus la gentillesse et le respect. »

La gentillesse et le respect, deux notions inventées par Jean-François Copé et qui – selon mes sources – seraient sur le point d'être racheté par Alain Weill, qui n'est pas le père de Martin Weill, qui lui est une Mère-Weill de m'avoir offert sa PlayStation. Bon dimanche !

7 février 2016

Caroline De Haas, **Elliot Lepers**
et **Arnauld Champremier-Trigano**,
militants et activistes de gauche
Xavier de Moulins,
journaliste, animateur
et romancier français
Mathilde Daudet, écrivaine

Confidence de l'auteur : Mathilde Daudet, croisée au maquillage avant l'enregistrement de l'émission, me confia qu'elle redoutait ma bio interdite. Après l'enregistrement, nous nous sommes embrassés très chaleureusement. Quelques mois plus tard, dans mon quartier à Paris, revenant de chez mon fromager, une jeune fille m'arrête et, les yeux embués de larmes me dit : « Je voulais simplement vous remercier, c'était très beau la façon dont vous avez parlé de Mathilde Daudet. Je suis sa nièce, et ça nous a beaucoup émus dans la famille. »

Bon, mesdames, messieurs, vous êtes très nombreux, vous êtes cinq, je ne vais pas vous quinquégrapher, y a pas écrit Bécasse, donc j'en ai choisi un au pif.

(Avec une fiche tenue à bout de bras et lue très vite comme à Questions pour un champion.*)*

Attention. TOP : Je suis un individu de sexe mâle, né en 1992, à dix-neuf ans, je suis directeur artistique et responsable numérique au sein de l'équipe d'Eva Joly, et je crée la campagne L'abstention fait peur aux chatons, mes analyses d'urine ne décelant pourtant aucune trace de narcotiques ou substances stupéfiantes. Je suis le fils de John Paul qui n'est pas du tout un prénom accepté en mairie, je suis JE suis JE SUIS ?

Vous, Elliot Lepers ! Lepers, c'est marrant. Cela dit vous n'avez aucun lien de parenté avec le regretté sus-imité, donc c'est marrant mais c'est décevant…

Eliott, Caroline et Arnaud, si j'ai bien compris, vous êtes un triumvirat, une sorte de Quick et Flupke et Flupke de la primaire de gauche !

Mais… qui qu'est Quick et qui sont Flupke, parce que là je m'emmêle !

Vous fonctionnez tous les trois ensemble. Bien sûr vous avez chacun des fonctions vitales autonomes, enfin j'espère, mais vous êtes un trio ! Un trio qui depuis 18 mois s'est lancé dans une opération secrète, qui est déjà un échec cuisant puisque vous le dites à tout le monde : organiser une primaire à gauche.

Un sondage IFOP indique à ce propos que près de deux électeurs sur trois sont pour une primaire à gauche ! Et mon analyse est : Tu m'étonnes ! C'est génial une primaire, on dirait le Maillon faible sur iTélé, c'est la meilleure télé-réalité de tous les temps ce truc !

Votre credo pour cette primaire c'est « Tout sauf Hollande » ! Tout sauf Hollande ! Macron, une pieuvre, un vieux curly qui traîne, Vanessa Demouy, n'importe quoi, mais tout sauf Hollande !

Xavier de Moulins, bonjour !

Xavier de Moulins n'est pas votre nom complet, sur Internet on lit que c'est Xavier de Moulins d'Amieu de Beaufort… qui n'est pas votre nom complet, puisque votre nom complet c'est Xavier de Moulins d'Amieu de Beaufort de Café au lait olélé olala, qui est un nom difficile à porter, quoi que festif.

Alors quelle est votre actu ? Eh bien ce matin vous avez petit-déjeuné, et puis ensuite vous avez fait le trajet jusqu'ici. J'ai bien résumé votre actu ?

En vrai, vous n'avez pas tellement d'actu, c'est plutôt une bonne blague de la production qui trouvait rigolo de faire se croiser une Daudet et un de Moulins sur un plateau. On avait même invité Philippe Seguin, qui n'a bizarrement pas donné suite.

Xavier, j'ai lu que vous aviez travaillé avec Maïtena Biraben, dans une émission dans laquelle vous faisiez des portraits décalés de l'invité… Donc je me demande si je ne suis pas votre réincarnation, mais de votre vivant. Et je me demande s'il est possible de se réincarner avant d'être mort. Et fatalement je me demande si vous n'êtes pas mort. Et je me demande finalement : Qu'est-ce que la mort ? Et je me dis surtout : Pourquoi la mort ? Et pourquoi la Chandeleur ? Mais ça n'a rien à voir. Alors je change de sujet :

Mathilde, puisque te v'là !

Mathilde vous naquîtes Jean-Pierre le 1er décembre 1950, et vous avez un sacré pedigree puisque, après avoir été l'arrière-petit-fils d'Alphonse Daudet, vous êtes aujourd'hui son arrière-grand-père. *(Il réfléchit.)* Non, c'est pas possible. Non, vous êtes aujourd'hui son arrière-petite-fille : Mathilde. Et c'est vrai que ne serait-ce que pour se débarrasser du prénom Jean-Pierre, ça valait le coup de faire quelque chose.

Contrairement à ce que j'ai pu lire çà et là, vous naissez dans une famille atypique et progressiste, puisqu'on l'ignore mais Alphonse Daudet a formé pendant des années un couple de même sexe avec Monsieur Seguin avant de concevoir une chèvre par GPA, ce qui pour l'époque est révolutionnaire !

Mathilde, comme un garçon, vous avez les cheveux longs. Comme un garçon vous portez un blouson, un médaillon, un gros ceinturon, comme un garçon.

Pourtant… des années vous fûtes une fille, perdue, cachée derrière un abri archi-viril, et dont les appels étaient étouffés par le vacarme de la guerre que vous couvriez, caméra au poing.

Oui car à l'époque, collectionneur de conquêtes, vous êtes reporter de guerre, du genre santiags et perfecto, qui voyage d'un bout à l'autre de la planète, sur les lieux des conflits, qui se fait appeler

Rambo et, on l'imagine, « Mon vieux » et « Ma couille » par ses collègues, mais qui planque toujours dans le fond de son sac une robe ou un foulard, pour le soir venu pouvoir mettre la main ou le corps tout entier sur un peu de féminité.

Mathilde, c'est en lisant votre histoire, en plongeant en vous, que je me suis aperçu que cet exercice des bios interdites me passionnait. Chaque semaine, je découvre des vies, des histoires, des destins, et c'est autant de pollen que je butine et récolte dans mon escarcelle de petite guêpe de la vie, qui coule comme un ruisseau étendu dans les steppes du Cameroun, emportant avec lui... *(À Ali :)* Faut m'arrêter parce qu'au bout d'un moment, ça ne veut plus rien dire !

Plus sérieusement, qu'est-ce que vous voulez que je vous dise, Mathilde ? Vous êtes belle comme tout, votre histoire est belle et inspirante, et vous la racontez bien mieux dans votre livre que je ne pourrais le faire en 14 secondes sur un plateau TV.

Oui, car vous avez écrit un livre pour nous expliquer que vous avez changé. Ça me rappelle quelqu'un, ça ? Qui c'est qui écrit des livres pour nous dire qu'il a changé ? Ah ben oui, la quasi-intégralité de la classe politique française !

Eh bien, vous voyez messieurs Sark-Coppétc. c'est ça le changement. *(Il montre le livre de Mathilde.)* Et la littérature, c'est ça.

Bon dimanche.

14 février 2016

Nicolas Bay, secrétaire général du Front National et député français au Parlement européen
Gilles Clavreul, délégué anti-raciste
Nicolas Ferrary, P.-D.G. d'Airbnb
Fary, humoriste

Bonjour. Qui sont-ce ? Qui sont-ce donc ?

Non mais là vous avez tiré des gens au hasard dans les Pages blanches, non ?

Le concept est bien ! Un jour, je vais arriver, il y aura ma mère ou mon ex ou mon ex-mère sur le plateau, ça va me faire drôle !

Non mais en vrai, ils sont connus ? Mais où, au Liechtenstein ?

Ah Fary, je le connais ! J'ai vu son spectacle au Point-Virgule. Et Nicolas, j'ai aussi vu votre spectacle, mais alors où fut-ce ? Au Parlement européen ! Qui est une salle plus grande, plus prestigieuse. C'est injuste. Si, c'est injuste parce qu'on sent que vous êtes moins rodé quand même.

(Vidéo de Nicolas Bay, bafouillant et discourant sans charisme au Parlement européen.)

Votre graphiste c'est pareil il débute, regardez votre site Internet, il n'a pas mis la même taille de police partout : « La France et les Français D'ABORD » ! Ben non, on a l'impression de se faire engueuler là, c'est agressif.

Et puis quand on clique un peu plus loin, regardez : Biographi sans e ! Ben alors ! ? Ça justement ça s'appelle une faute de français ! Il faut savoir l'écrire le français avant de vouloir à tout prix le mettre D'ABORD !

Et puis alors il y a quelque chose qui n'est pas clair : vous vous appelez Nicolas Bay ou Nicolas Baille ? Ou Nicole Abeille ? Ah, donc vous n'êtes pas conseillère municipale à Cotignac dans le Var ? Donc vous n'avez pas reçu le Prix national de la Maison fleurie en 2010 ? Et vous n'êtes pas mariée à Michel Abeille ? Par conséquent, vous n'êtes pas cette personne *(Photo de Nicole Abeille.)* ? Dommage, elle a l'air plus... apaisée.

Bon, alors revenons à vous, Nicolas, vous avez annoncé dimanche qu'en cas de victoire à la présidentielle en 2017...

Hein ? Non je ne finis pas cette phrase, le début est caduc de toute façon, donc ça ne sert à rien.

Nicolas Ferrary, vous êtes né en 1985 à Paris. Comme moi, puisque je suis né en 1987 à Macon. Oui oh, soyez pas tatillon comme ça ! C'est bien les Italiens ça ! Ah ça pour mettre du pecorino partout y a du monde...

Bon, Nicolas, vous ne m'arrêtez pas si je me trompe : vous êtes diplômé d'HEC, la haute école de couture en 2008, et à l'âge de vingt-sept ans vous rejoignez la direction française d'Airbnb inventé quelques années plus tôt à San Francisco. J'ai retrouvé la première annonce publiée sur le site américain : c'est une maison bleue, adossée à la colline, on y vient à pied on n'y frappe pas, ceux qui vivent là ont jeté la clef. Ce qui rend la location complètement obsolète. Faut être con quand même, même pas foutus de faire un double !

Oh je te jure, c'est bien les Américains ça ! Ah ça pour inventer la machine à égrener le coton, y a du monde...

Gilles Clavreul, vous êtes secrétaire général du Front National. Non c'est le contraire pardon, vous êtes délégué à la lutte contre le racisme et l'antisémitisme !

J'ai confondu avec Maya l'Abeille. D'ailleurs, je rêve ou y a une tension entre vous ? Ah c'est tendu moi j'adore quand c'est tendu, ça me rappelle... quelque chose de tendu !

Alors, Gilles, vous êtes un peu donneur d'ordres, donneur de leçons, et surtout doner Kebab, puisque vous descendez directement du grec : en effet, vous êtes le petit-fils de modestes commerçants grecs qui finiront par faire fortune en important, à Paris, le concept du kebab. Le kebab je le rappelle, qu'est-ce que c'est, c'est du pain, de la salade, des tomates, des oignons et du chocolat. De la viande ! Oh oui ça va ! Oh je te jure c'est bien les Grecs ça ! Ah ça pour inventer Nikos y a du monde hein !

(Malaise.)

Dites donc, Gilou, je viens de faire trois blagues discriminantes en moins de trois minutes, sur les Italiens, les Américains et maintenant les Grecs, et vous n'avez pas réagi, faut vous ressaisir ! À ce que je sache, vous êtes délégué anti-raciste mon vieux, pas moniteur de kitesurf !

Fary, vous êtes né en 1991, je n'ai pas trouvé où, donc j'ai mis Perpignan. Si ça ne vous convient pas, vous irez changer en mairie.

Alors vous, vous êtes une sorte de Guy Bedos qui aurait couché avec Spike Lee, et votre spectacle *Fary is the New Black* cartonne ! C'est un stand-up dans lequel vous rajoutez de la difficulté en abordant des thèmes sociologiques complexes : le voile, l'homosexualité, la mode androgyne (si tant est que ce soit un thème sociologique), l'esclavage…

Mouais… moi qui suis un peu du métier, j'ai pas l'impression que ce soit si difficile de faire rire avec ces thèmes-là. Je vous improvise un truc vite fait : « Dis donc, la lesbienne, heureusement que t'es voilée, sinon vu ton look androgyne, je te prendrais volontiers pour un gros pédé esclavagiste. »
(Gros malaise.)

Si, vous avez raison, c'est archi-compliqué !

Vous êtes très élégant, vous travaillez méticuleusement votre style. Et vous dites aussi que vous avez travaillé votre flegme… FAUX ! Vous n'avez pas travaillé, vous êtes défoncé à la Skunk mon vieux et puis c'est tout.

Et si j'ai bien compris vous passez votre vie à chercher comment vous habiller le matin puis à commenter dans la presse comment vous vous êtes habillé le matin et entre deux lessives vous écrivez un sketch sur comment vous vous êtes habillé le matin…

J'ai lu des choses intéressantes, par exemple *Le Grand Meaulnes*. Si, c'est intéressant mais effectivement ça n'a rien à voir avec vous.

J'ai lu que vous cultiviez un look Goth Ninja, cette mode actuelle japonisante qui relie MC Hammer à Kanye West. Vous dites : « Je dirais plutôt dandy urbain, genre entre le mec hype et le hipster, je suis un hypster quoi. »

Hum. Donc moi dans cette phrase j'ai compris le mot « plutôt ».

Vous dites aussi : « J'ai toujours voulu être un artiste. Quand j'étais bébé, je faisais déjà de la guitare avec mon biberon » ; « Je me suis forgé l'image d'un comédien toujours élégant sur scène. Du coup, maintenant, je ne peux plus décevoir » ; « Je ne sue quasiment pas » ; « Je veux faire un peu de philosophie dans mes spectacles… »

Vous dites aussi que pour vous « ça a toujours été simple avec les filles, que vous avez une facilité, et que vous vous la pétez » (ah non, pardon, ça c'est moi qui le dis !)

Vous dites aussi : « Tu m'as trompé 200 fois en un an donc ou tu quittes immédiatement l'appart ou je brûle tous tes sarouels en tweed », ah non, non plus, ça, c'est votre ex qui le dit !

Et, pour finir, vous dites : « Je ne veux pas non plus tomber dans la facilité dans mes spectacles. J'essaye d'être subtil et d'éviter les choses trop convenues. Par exemple, tu ne t'imagines même pas à quel point c'est simple de faire rire avec le mot "bite". »

(Il se retourne vers Ali :) Bite. Mouais. De toute façon moi c'est pas avec LE MOT bite que je fais rire… Non.

Bon dimanche, et bonne Saint-Valentin, mes amours.

21 février 2016

Julien Lepers, poseur de questions
Robin Rivaton, jeune économiste
Ségolène Royal, partie
avant la fin de l'émission

Bonjour Julien Lepers, bonjour Robin Rivaton,

Ségolène Royal, elle est partie ? Ah peut-être que je commence à faire trembler les puissants *(Rire sardonique.)*... Ah elle est aux toilettes ? Bon ben on commence sans elle, ça la fera venir, comme on dit...

Julien Lepers, vous vous appelez à l'état civil Ronan Gerval. Et comme vous n'aviez aucune envie d'être un personnage d'un roman de Balzac qui se passerait dans le Finistère, vous prenez le pseudo de Paul-Julien LeGolf-Persique, que vous réduisez assez vite en Jules Lep, que vous rallongez quand même un peu en Julien Lepers. Vous vous êtes cherché mais ça valait le coup.

Julien, sachez que je pense être la seule personne de toute l'Europe de l'Ouest pour qui Julien Lepers n'évoque pas ce fameux jeu de *Motus*, puisque moi Julien Lepers ça m'évoque, avec beaucoup d'émotions, ceci :

(Il chante.)

Deviner le jour qui se lève
Sentir ton regard sur moi
Toucher ton visage
Respirer ta peau
Et m'abandonner contre toi

À la question « Ai-je honte ? », la réponse est « Non. » « Oh ça, c'est Non », comme vous dites.

Amoureux fous, sublimissime chanson composée par vous, Julien, pour Herbert Léonard et Julie Pietri.

Julien, à trente-deux ans, vous avez fait un autre truc rigolo : vous avez été parachuté par le RPR à Saint-Pierre-et-Miquelon. C'est pas le pitch d'un film de Pierre Richard, c'est votre vie !

Mais bien sûr, Julien, votre vie (et la nôtre) c'est *Questions pour un champion*, Questionch comme on le surnomme avec mes amis quand on joue à la version en ligne. Alors pour ceux qui auraient vécu dans un autre système solaire ou qui se réveilleraient à l'instant d'un long coma de vingt-huit ans, déjà bienvenus ! Et puis QPUC qu'est-ce que c'est ? C'est un jeu simple dans lequel vous posez des questions compliquées à des instituteurs moustachus et hypermnésiques qui remportent au pire un assortiment de huit ouvrages richement documentés sur les plantes médicinales du début du XVIIIe siècle, au mieux deux assortiments de huit ouvrages richement documentés sur les plantes médicinales du début du XVIIIe siècle. Pour découvrir tout l'univers passionnant… des plantes médicinales du début du XVIIIe siècle.

Plus de 8000 émissions, presque 30 ans de 4 à la suite, d'indices en bas de l'écran, de « Qu'est-ce que vous faites dans la vie Martine ? », à tel point qu'au fil des années votre corps a muté pour s'adapter au jeu, votre main droite possède aujourd'hui 17 doigts dont douze en fiches cartonnées.

Et puis, fin décembre 2015, vous êtes gentiment remercié… par la directrice des programmes qui vous demande – je cite : « Bouge ! » C'est ce qu'on appelle dans le jargon de la télévision être « gentiment remercié ».

Pourquoi elle vous vire la dirlo ? Parce qu'elle souhaite rajeunir l'émission ! Une idée dont je peine à saisir l'intérêt. Pourquoi rajeunir *Questions pour un champion* ? C'est comme vieillir Gulli ou érotiser LCP, ça ne tient pas debout. Christophe Barbier à la présentation des *Petits Zouzous*, et Clara Morgane qui traduit en LSF les questions aux gouvernements, c'est ça votre projet pour la France, madame la directrice ?

Depuis, vous avez fait le tour des plateaux pour dire au revoir à votre public, ce public que vous avez su fidéliser depuis la chute de l'empire napoléonien, mais surtout pour vous plaindre de votre éviction. Vous êtes allé dans toutes les émissions.

Il n'y a qu'une seule émission que vous n'avez pas encore faite : c'est *Questions pour un champion*. Je vous invite donc à passer les sélections, qui auront lieu à Vesoul, le 4 mars, et à La Roche-Posay, les 6 et 7 avril prochains !

Cela dit, Julien, votre public vous le retrouverez puisqu'au printemps prochain, vous participerez à l'opéra-rock *Hopes* du Belge Alec Mansion.

Et vous vous demandez : « Mais quel crime ai-je commis pour mériter ça ? » Et c'est vrai qu'une comédie musicale c'est quand même dur comme condamnation. On s'emmerde avec la perpétuité mais franchement vous mettez Francis Heaulme en répète avec Plamondon je peux vous dire que ça lui passe l'envie d'enterrer des petits garçons en forêt.

À propos de petit garçon, Robin Rivaton !

Alors, Robin, pardonnez-moi mais vous ne m'inspirez pas du tout ! Je m'en excuse… Donc je vais plutôt faire la bio de Pierre Palmade. Pierre, vous êtes né à Bordeaux en… *(Il s'interrompt.)* Et en même temps je me dis : « Autant inviter Pierre Palmade », non ?

Bon… Robin Rivaton, vous avez vingt-huit ans et vous êtes économiste. Vous êtes donc un oxymore.

Robin, en dépit de ce visage juvénile qui donne envie de vous demander en quoi vous voulez vous déguiser pour la fête de l'école, vous êtes essayiste, vous essayez (et vous y arrivez, vous êtes arriviste aussi !) de nous expliquer que les Français ne travaillent pas assez et que les chômeurs se la coulent douce, puisque c'est bien connu, être au chômage c'est l'équivalent d'un week-end à Bali en demi-pension avec kir de bienvenue offert.

Robin, quand on vous demande trois mots pour résumer vos années étudiantes, vous répondez : « L'écriture de mes premiers textes d'opinion, les rencontres avec les professeurs, les camarades de promo ou encore les étudiants que je représentais en tant qu'élu syndical. La volonté : réussir ma formation, décrocher les meilleurs stages, financer moi-même mes études. »

(Il lui crie dessus :) ON VOUS DEMANDE TROIS MOTS ! Pas 43 !

Ah, c'est là qu'on voit que vous êtes prêt pour la politique, vous savez déjà pas répondre aux questions, vous êtes chiant, mon vieux ! Et puis vous êtes jeune comme vieux, on comprend rien !

Robin, quand on vous demande : « Avez-vous eu des héros de jeunesse ? », vous répondez – trop mignon : « J'ai une grande admiration pour Jean Monnet, l'un des pères fondateurs de l'Union européenne… »

Mais Jean Monnet au Congo ou Jean Monnet et les 7 boules de cristal ?

Dès les bancs de la fac, vous affichez votre originalité et, studieux, vous vous amusez « à lancer des débats en classe ». Donc je traduis : à la fac vous n'aviez pas d'amis hormis deux chauves en salle des profs.

Qu'à cela ne tienne, vous assumez votre petit côté « j'ai bouffé Alain Madelin » et n'hésitez pas en pleine organisation des manifs anti-CPE à être à contre-courant, et à protester contre le blocage de l'université, ce qui, je ne vous le cache pas, entame votre potentiel érotique.

Bon, Ségolène Royal n'est toujours pas revenue des toilettes, moi ça m'inquiète, rendez l'antenne Ali, qu'on aille voir si tout va bien ! Bon dimanche.

28 février 2016

Guillaume Peltier,
porte-parole des républicains
Matthieu Delormeau,
animateur TV, producteur
et chroniqueur-souffre-douleur
chez Cyril Hanouna
Peter Thiel, entrepreneur américain,
fondateur de PayPal

Monsieur Thiel, figurez-vous que j'étais à Amsterdam cette semaine et la seule réaction que j'ai eue en découvrant votre biographie c'est : « Mince, j'ai dû manger un space cake sans m'en apercevoir. » Parce que je n'ai rien compris. Rien.

Ça m'a fait exactement le même effet que quand j'ai vu *Inception*. Je me suis dit : « Ils sont forts ces Américains », mais je n'ai rien compris.

Et alors je ne sais plus si c'est quand vous aidez la CIA avec la pierre de vision du Seigneur des Anneaux pour lutter contre les cyber-attaques ou si c'est quand vous devenez adepte de la pensée transhumaniste et que vous financez de nombreux projets qui ont pour objectif de tuer la mort, mais il y a un moment où je me suis dit que vous étiez quand même une drôle de secte *(Il se reprend :)* de personne, pardon !

Ah oui, faut traduire ! *I say : « I think you smoke too much weed ! »*

Bon ben il nous reste encore du beau monde, alors on tire au sort : Pique nique douille c'est toi l'andouille. *Ça tombe sur Guillaume Peltier.* Ça s'appelle le hasard… c'est le débat républicain, m'sieur Pelletier, c'est comme ça.

Guillaume, dans *Le Monde* daté du 17 mars 2006, je lis : « Guillaume Peltier aime qu'on l'écoute, c'est un beau parleur, affirme sa petite-cousine Marie-Charlotte Richard. »

Alors, Guillaume, qui êtes-vous à part quelqu'un qui se fait clasher par sa petite-cousine dans un grand quotidien ? Je ne vous connaissais pas, et j'ai par conséquent dû me farcir (et là ma phrase n'est pas finie, sinon elle est dégoûtante)… TOUTE votre bio, pour découvrir un peu qui vous êtes. Et je dois dire que… j'ai adoré !

Je n'ai pas l'habitude de le dire aussi crûment, je m'excuse mais j'ai adoré votre bio ! Et pourtant je suis un lecteur difficile ! Tout le passage sur votre adhésion au Front National de la Jeunesse m'a beaucoup plu, j'ai trouvé ça très beau ! Puis votre combat contre le PACS et l'euthanasie m'a profondément touché, je tiens à vous le dire.

Il y a tout de même un court passage où j'ai failli être déçu quand vous quittez le FN, je me suis dit : « Oh non quel dommage ! », vous perdez un peu votre lecteur à ce moment-là si je peux me permettre, et puis en fait rebondissement de dingue : vous rejoignez Bruno Mégret, alors qu'on ne s'y attend pas du tout, c'est super bien fait ! Là d'un seul coup on flirte avec le roman noir, y a un côté Simenon avec l'apparition de ce petit personnage maléfique, non vraiment c'est bien fait !

Bon et ensuite je ne veux pas spoiler, mais ça tourne un peu en rond, on comprend vite le principe narratif.

Jean-Marie Le Pen vous déçoit, vous allez voir Bruno Mégret. Bruno Mégret vous déçoit, vous allez chez De Villiers. Philippe de Villiers vous déçoit, vous suivez le duo Coppé-Sarkozy. Et donc très logiquement votre adhésion à la Ligue communiste révolutionnaire est programmée pour 2028.

Moi aussi quand je suis déçu je fais n'importe quoi après !

Et comme dit joliment le proverbe : « Rien n'est plus blessant que d'être déçu par la seule personne que jamais tu n'aurais pensé qu'elle te ferait du mal. » Ah non c'est pas le proverbe, c'est ma petite cousine qui dit ça. Mais pas dans *Le Monde* en revanche, sur Facebook.

Alors, Matthieu Delormeau, soyons Netflix, soyons Direct 8, soyons *Cash investigation*, je vous aime bien.

D'abord parce que votre nom m'évoque un plateau de fruits de mer dégusté en amoureux quand les premières lueurs de l'aube se posent sur Cancale.

Et ensuite parce que comme l'atteste cette photographie *(photo de lui torse nu, musclé et les jambes très écartées)*, on se ressemble beaucoup physiquement. Cela dit, ça fait longtemps que je n'ai pas pris cette pose, qui est bien.

Vous êtes né le 5 mars 1974, un jour où il ne s'est strictement rien passé dans le monde, à part vous. Pas un coup d'État, pas un écrivain qui meurt, pas une guerre de 14-18, rien ! Il ne se passe que vous, facétie du calendrier qui vous donnera ce goût affolant pour la gloire et la célébrité.

Parce qu'aujourd'hui vous êtes connu Matthieu, vous êtes très très connu. Qu'est-ce qu'il est connu celui-là ! Alors en quoi ça consiste ? Principalement à montrer ses fesses à 18 h 50 sur D8, parfois sous hypnose et parfois pas ! C'est la magie de la drogue dure *(Il se reprend :)* De la télévision pardon !

Tout ça n'est pas très sérieux à quarante et un ans, Matthieu. Pourtant, sérieux, vous le fûtes. En effet, comme ne l'indique pas tout à fait cette photo (*photo de lui en slip dans l'émission d'Hanouna)*, vous avez une maîtrise d'économie obtenue à HEC Montréal, où vous occupez jusqu'en 2003 le poste d'Analyste financier.

Et alors à l'époque, soit vous faites un burnout, soit vous vous apercevez que vous adorez France 3, ce qui revient sensiblement au même et vous décidez de tout plaquer pour devenir stagiaire à *On ne peut pas plaire à tout le monde*.

Puis vous avez été chroniqueur-animateur-producteur de beaucoup d'émissions, dont ma préférée : « Wouf quel chien sera à la hauteur ? » !... *(Mine atterrée :)* Il y a donc forcément un moment dans l'histoire de l'Humanité où l'on a déraillé, mais difficile de savoir lequel.

Et puis, bien sûr, on vous connaît encore mieux depuis *Tellement vrai*, sur NRJ 12, cette chaîne à laquelle on accède quand il n'y a vraiment rien d'autre sur les 11 précédentes. Vous dites de *Tellement vrai* que « vous n'alliez jamais sur le trash ». Et c'est (tellement) vrai, j'ai vérifié : vous alliez SOUS le trash, tout à fait dessous, pile-poil entre le caniveau et les tréfonds de l'humanité.

Et aujourd'hui vous êtes chroniqueur dans *(Il ne se souvient plus très bien du titre.)* « Tout le monde veut toucher mon poste » ou « Chacun touche à son cul », je ne sais plus…

Et j'ai une question : Erika Moulet, c'est son vrai nom ?… Isabelle Morini-Bosc… c'est sa vraie voix ? Mais Gilles Verdez, c'est pas ses vrais cheveux ?… Et Enora Malagré, c'est sa vraie vie ?

Matthieu, je vous le disais, je vous aime bien. Même si je n'ai pas tellement le droit de le dire.

Parce que dans mon microcosme bobo parisien dont le Graal est de se taper Ali Baddou en écoutant Christine and the Queens après un bon dîner vegan et une soirée à l'Odéon, vous êtes le plouc-émissaire parfait.

Oui mais moi, moi qui écoute Christine and the Queens, qui vais à l'Odéon et qui rêve de me taper… *(Il est gêné :)* Daphné Bürki, je vous aime bien. Je vous trouve poétique.

Vous convoquez même sans le savoir des images poétiques de haute volée, tenez par exemple lorsque vous parlez de votre amour pour les montres, vous dites : « J'adore ça, je regarde, ça me prend du temps. » Une montre qui vous prend du temps, excusez-moi, mais l'air de rien c'est baudelairien.

Vous dites aussi : « Je la sors deux à trois fois par semaine. » Bon là on ne sait pas tellement de quoi vous parlez, mais on préfère penser que c'est poétique aussi.

Pourquoi je vous trouve poétique, Matthieu, je ne sais pas. Peut-être parce que vous avez un côté enfant perdu qui me touche, ou simplement parce que ça me fait plaisir de ne pas penser comme tout le monde, ou encore parce qu'un type qui adore les flic-flac est forcément inoffensif…

J'ai entendu Morandini dire que vous n'aviez pas d'amour-propre… Et je me suis dit… bon déjà de quoi il se mêle ? Et puis je crois qu'il se trompe, Morandinouille, de l'amour-propre vous en avez. Vous en avez même trop. Vous voulez être aimé très fort. Cette toxicomanie affective vous conduit donc en toute logique à vous promener tout nu sous un poulpe ou à réchauffer des carbonaras dans votre caleçon. Vous acceptez beaucoup, pourvu qu'on vous aime. Même qu'un peu, même très mal, même violemment. Moi ça me touche et ça me parle. D'ailleurs j'en parle et je me touche. Mais je ne suis pas très sûr de cette conclusion.

6 mars 2016

Iris Apfel, styliste et icône de la mode
Bruno Julliard, icône de la mode aussi mais moins

Iris Apfel ! Whaouh !!! *I say : I'm so fucking happy to meet you, because your're a fucking great woman !* C'est de l'anglais. Elle entend ?

I'm happy but if you don't mind I will continue in French, because I speak English like a quiche Lorraine.

Et toutes mes excuses au traducteur qui fera sans doute un burn-out avant la fin de la bio.

Déjà, Iris, mille mercis de venir mettre un peu de couleurs dans ma vie de biographe. Parce que je ne sais pas si vous réalisez, les copains, mais moi, chaque semaine, je passe trois jours plongé dans des bios sinistres, à base de porte-parole des Républicains, de directeur de campagne du FN ou d'adjoint à la culture socialiste… c'est pas Space Mountain !

Iris Apfel n'est pas votre vrai nom, madame. Ben non. Iris c'est une fleur, et Apfel en allemand c'est une pomme, tout ça est bien trop végétal pour une identité. Votre véritable nom c'est « Hymne à la liberté, à l'audace, à l'excentricité et à Jean-Pierre Coffe d'un point de vue des lunettes », c'est un poil plus long mais c'est plus exact.

Hymna, vous êtes née en 1921. C'est con vous avez raté la Première Guerre mondiale ! En revanche, vous avez bien connu la deuxième. Ça, c'est chouette. *(Malaise)*... Enfin c'est... riche ! *(Il tente de se rattraper)* Enfin c'est dur... Enfin c'est maladroit de ma part !

Iris vous êtes une hurluberlue. Vous êtes de tous les âges, de tous les sexes et de tous les continents à la fois. Vous êtes flamant rose d'Amérique, zèbre d'Afrique, Karl Lagerfeld d'Allemagne, polymorphe, polyglotte, Polly Pocket... vous êtes un souffle génial de géniale fantaisie, et vous faites du bien par où vous passez.

Vous dites que vous êtes amoureuse des belles choses. *Thank you but you know I have already someone in my life, and it's not possible to*... enfin *it's*... enfin faut voir !

Aujourd'hui, vous présentez une exposition à Paris qui met en scène dix tenues, « dix instants de la vie d'une Parisienne imaginés par Iris, du café en terrasse au défilé de mode en passant par la promenade en bateau-mouche ». Donc c'est la Parisienne plutôt du Japon non ? En tout cas, c'est pas la Parisienne que je connais, moi la mienne c'est plutôt « La Parisienne perd six ans d'espérance de vie chaque fois qu'elle doit faire un créneau » ou « La Parisienne se fait siffler dans la rue et non non ça ne lui fait pas plaisir » ! Ou encore « La Parisienne est coincée au tourniquet du métro à cause de son pass Navigo qui est démagnétisé, c'est pas la peine de pousser derrière, c'est démagnétisé » !

I say I love your style !

Iris, vous dites souvent mieux vaut être pauvre et… Non, mieux vaut être mal habillé… Non, mieux vaut être un pauvre habillé, non, mieux vaut être riche et mal hab. Non, mieux vaut être pauvre. Vous dites mieux vaut être pauvre. Bon. *Have a nice day !*

13 mars 2016

Benjamin Lucas, président
du Mouvement des jeunes socialistes
William Martinet,
président de l'Union nationale
des étudiants de France
Laurence Parisot,
ex-patronne du Medef
Benjamin Pech, danseur étoile
fraîchement retraité

Laurence Parisot. Ça va ? Non, parce que vous êtes assise à côté d'un type qui a pris sa retraite à quarante-deux ans, ça ne vous donne pas envie de vous rouler par terre en bavant ? Tant mieux pour nos sols.

Laurence, d'où venez-vous ? Pas d'Arabie puisque vous êtes issue d'un grand-père et d'un père qui ont dirigé une entreprise française qui vend toujours des meubles. Une entreprise actuellement dirigée par Jacques Cuelhe, qui a du bol de s'appeler Jacques.

Vous êtes un être humain de type femelle né fin des années 50. Après avoir testé votre autorité à l'IFOP, vous vous sentez mûre pour mener une carrière dans la présidence de gros bidules et vous devenez donc présidente du Medef, c'est-à-dire présidente des présidents, c'est-à-dire un demi-Poutine #mêmesarkozyymevoitybaisselesyeux #doncimaginehollande !

Alors le Medef, qu'est-ce que c'est ? J'ai longtemps cru que c'était un mouvement féministe, genre le Mouvement d'Émancipation Des Énergumènes Féminines, ou bien une cellule psychologique pour les gens comme Benjamin Pech, le Mouvement d'Épanouissement des Étoiles Filantes.

Et puis je suis devenu intermittent… et là j'ai compris que si vous étiez un mouvement, vous étiez plutôt celui-là *(il fait un bras d'honneur)*.

Vous avez donc été à la tête de ce mouvement patronal entre 2005 et 2013, soit un total (j'ai compté pour vous parce que je sais que vous n'êtes pas familière des petits chiffres !) de huit ans.

Un octonat. C'est très rare.

Vous avez plusieurs déclarations-choc à votre palmarès, dont la très connue : « La vie, la santé, l'amour sont précaires, pourquoi le travail échapperait-il à cette loi ? » À quoi j'ajoute : les salariés français gagnent en moyenne 2000 euros par mois, pourquoi Laurence Parisot échapperait-elle à cette somme ?

Voilà, bon et puis pour toute question relative à votre vie, *please consult your* biographie :

« Laurence Parisot, une femme en guerre » à ne pas confondre avec « Corinne Touzet, une femme d'honneur », en général elles sont sur le même rayon.

Une biographie autorisée écrite par une journaliste dont le nom est un exploit puisqu'il évoque à la fois un dictateur chilien et une station de métro parisienne : Fanny Guynochet.

Benjamin Lucas alors vous le militantisme, c'est au biberon !

Le 17 juillet 1993, en short vert Kiabi taille 36 mois, vous faites votre première manif, seul dans les couloirs de Vaux-le-Vicomte en braillant « Balladur ordure ! » Pendant ce temps à Buenos Aires, Guns N' Roses donne son dernier concert.

Alors, est-ce que c'est lié ? Je pense !

Vous abandonnez ensuite une carrière de guitariste qui n'avait d'ailleurs pas commencé quand vous voyez votre mère, la mienne, et toutes les autres en larmes devant Jean-Marie Le Pen au 2e tour. En larmes de désespoir, je précise. Vous embrassez donc sur-le-champ votre mère – pas la mienne je vous remercie chacun sa mère – et une carrière politique.

Et aujourd'hui vous êtes à la tête d'une MJC, donc c'est la dégringola… Ah non du MJS pardon, le Mouvement des jeunes socialistes, en opposition au MVS, le mouvement des vieux socialistes, plus connu sous le nom de PS.

Aujourd'hui, vous êtes accompagné de William Martinet.

Je suis sûr qu'on ne vous l'a jamais dit, William, mais vous avez un point commun avec Marlene Dietrich. Mais je ne sais plus lequel…

Si ! Vous êtes allemand ! Non ? Bon. Je ne sais plus…

Bon donc vous, Martinet, vous êtes président…

Ah ça y est je sais : vous avez hébergé Jean Gabin ! Non ?

Aujourd'hui tous les deux vous vous battez contre le projet de loi El Khomri, un projet de loi qui fait du remous. Ses rédacteurs ne semblent d'ailleurs pas disposés à revenir sur son essence principale mais concèdent « qu'il y a des corrections possibles ». Jean-Marie Le Guen parle même d'une première version « brute de décoffrage ». Faites-leur confiance, dans quelques jours le texte sera « mal dégrossi » puis « affiné en cuve » pour finir « distillé en première pression à froid ». Donc vous voyez, on va effectivement se faire mettre, mais avec une poésie de pub pour le roquefort donc tout va bien.

Ah non ça y est je sais, Jean Cocteau disait de Marlene Dietrich, qu'elle avait un nom qui commence comme une caresse et termine comme un coup de fouet. Comme vous, William Martinet.

Benjamin Pech, de votre vrai prénom Micheldel. Prénom que vous changez rapidement en Benjamin pour d'évidentes raisons de chanson française.

Benjamin, c'est pas facile, parce qu'alors je sais pas si c'est parce que je suis crevé mais tout me bouleverse dans votre bio.

Par exemple, vous êtes né à Béziers... *(Il fond en sanglots.)* Oui bon je suis peut-être un peu crevé...

Votre enfance, c'est un peu Billy Elliot au Cap d'Agde. Votre premier maître est une maîtresse, c'est Brigitte *(avec une voix féminine et l'accent du sud)* la profeu de Moderneu Jazzeu. L'occasion pour moi de rappeler que nous sommes tous frères humains, puisque le seul point commun qui nous relie, c'est qu'on a tous connu une Brigitte prof de Modern Jazz !

Depuis, vous avez tout dansé, Benjamin, sur les plus prestigieuses scènes internationales, mais aussi parfois bourré dans des boîtes de nuit sordides à Palavas.

Et puis, Benjamin, en 2013, Adamo laisse ses mains sur vos hanches, et patatrac, la gauche commence à vous faire un mal de chien. C'est un point commun que vous avez avec Laurence ça. Elle aussi la gauche lui fait un mal de chien !

Je l'ai souvent dit à Salvatore, il appuie trop sur la hanche. Diagnostic : arthrose avancée, vous avez la hanche d'un monsieur de 80 balais alors que vous en avez bien plus au compteur des ballets, mais bien moins des années.

Pourtant, malgré ce corps qui lâche, vous lui suppliez de vous accorder une dernière danse, et d'ailleurs vous ne lui laissez pas le choix, vous refusez de vous faire opérer et vous continuez à travailler, même dans l'enfer de la souffrance.

Votre tolérance à la douleur est très haute... c'est ça qui m'émeut et m'épate.

Moi je chiale tous les étés parce que je me fais piquer par des moustiques et vous vous continuez de danser des heures sans grimacer avec une hanche à vif !

C'est sans doute ce qui fait la différence entre une ampoule et une étoile.

Vous dites : « On célèbre mes adieux, mes vingt-quatre ans de carrière dans la compagnie mais on doit aussi célébrer ma prochaine vie : un mec qui porte un jean et des bottes comme tout le monde. »

Bon alors là, Benjamin il faut absolument faire un erratum : tout le monde ne porte pas un jean et des bottes. Phrase non recevable. J'ai enquêté il n'y a plus que quatre personnes au monde qui portent un jean et des bottes : Lucky Luke, Clint Eastwood, Francis Lalanne et un prof de country dans le 94...

Pour finir, vous dites : « Aujourd'hui, je lâche du lest sur l'hygiène de vie, je ne buvais rien, je bois un peu, je fumais très peu, je fume de temps en temps. » Vous êtes sur la pente glissante, Benjamin, je ne vous laisse pas deux ans avant d'être bourré dès l'apéro à chaque repas de famille et de faire des blagues avec des accents. Ben oui, c'est pas facile la retraite, on en parle peu mais la vérité c'est qu'on finit tous par ressembler à Michel Leeb.

Récemment, vous avez travaillé avec le génial chorégraphe Jérôme Bel. Je sais qu'on est sur Canal + et pas à Pôle emploi, mais tant pis : Jérome Bel, moi je rêve de travailler avec lui, je serais prêt à me casser les hanches au marteau s'il le fallait, pour danser avec lui, vous lui direz ? Laurence, vous avez vu, je suis intermittent pourtant vous voyez tout ce que je suis cap de faire pour trouver un job !

Et après on se fait traiter de feignasse…

Bon dimanche !

20 mars 2016

Alexandre Mars, fondateur d'Epic (charity business)

Alexandre Mars, vous n'avez aucun rapport avec Bruno Mars, ni avec les barres chocolatées ? Vous n'êtes pas au caramel avec traces éventuelles d'arachides ? Donc quand on vous mord, ça ne repart pas spécialement ? D'accord.

Monsieur Mars, sans mauvais jeu de mots : vous venez de quelle planète ?

Ben parce que vous êtes beau, sympa, sexy, bourré de fric, généreux, avec de l'or dans les mains. Rassurez-moi, vous n'êtes pas drôle ?

Votre seul problème il semblerait que ce soit d'être français. Vous souhaiteriez être américain. Enfin vous souhaiteriez être UN FILM américain...

Votre femme, Florence, avec qui vous avez trois adorables enfants bien élevés, beaux, propres, riches, cultivés, bilingues, amusants, pétillants, sages, gentils, et qui comme papa veulent être entrepreneurs, sauver des enfants et coucher avec maman... Votre femme donc s'est occupée d'enfants handicapés en Inde ! En fait, vous êtes Jésus et vous avez épousé Mère Teresa… Enfin, vous êtes Jude Law incarnant Jésus et vous avez épousé Mère Teresa… Enfin vous êtes Jude Law incarnant Jésus et vous avez épousé le biopic de Mère Teresa joué par Angelina Jolie.

Avec l'aide d'un studio hollywoodien vous vous êtes lancé dans le charity business en fondant Epic. Alors je ne sais pas comment vous l'avez pensé votre Epic, mais moi je le vois un peu comme le Darty de l'humanitaire :

« Bonjour et bienvenue chez Epic, pour satisfaire votre envie de défiscaliser, pardon de faire le bien dans le monde, nous vous proposons un large choix de misères.

« Nous avons ici, par exemple, les enfants atteints de paludisme dans les bidonvilles de Santa Fe, qui sont très bien. Sinon nous avons les rescapés de catastrophes naturelles, et pour les personnalités plus atypiques nous avons les prostituées tchèques. Ou les bébés pandas qui sont a-do-rables ! Regardez, on dirait des peluches ! D'ailleurs je me rappelle que pour toute contribution une peluche à l'effigie de votre prostituée préférée vous est offerte. »

Et, bien sûr, le service après-vente est compris, puisque vous pouvez suivre en temps réel l'évolution des causes que vous aidez en vidéos :

« Dis donc chérie ? Tu peux vérifier qu'elle a bien fini son bol de riz la petite ?

— Laquelle ?

— Celle du Bangladesh, que j'ai pas filé 600 balles pour rien ! Tu sais avec ces pauvres on peut jamais savoir, ils sont d'une ingratitude ! L'autre jour la prostituée tchèque a tout vomi ! »

Vous dites que vous n'avez aucune arrière-pensée en faisant cracher ces gros pleins de soupe bourrés de blé qui ne savent plus quoi foutre de tous ces biftons qui leur sortent du cul. Enfin, vous le dites sans doute moins vulgairement.

Alors je vous renvoie à l'épisode 4 de la saison 5 de *Friends* dans lequel Joey met Phoebe au défi de trouver une et rien qu'une seule action totalement désintéressée. Il n'y en a pas ! Moi je crois que vous cherchez la postérité, le prix Nobel de la paix, une place à côté de saint Pierre, une rue à votre nom, un pays, une planète ou au moins une barre chocolatée à votre nom, mais vous faites ça pour quelque chose, sinon c'est louche !

Drôle de dimanche. Bon Monde. Ou l'inverse.

27 mars 2016

Juan Branco, conseiller juridique de Julian Assange
Jean-Luc Mélenchon, homme politique français
Pe, **Talip** et **Dave Parcœur**, humoristes belges

Confidence de l'auteur : Cette bio a été écrite après les attentats de Bruxelles. J'avais envie de rendre hommage à l'esprit belge et à ces artistes qui font du bien sitôt que l'on pense à eux.

Mon cher Ali, mon Ali Bibbou, mon Ali Bibamboupzguadaguiguidiba comme on vous appelle dans les clubs de jazz…

Cette semaine, cette épouvantable semaine, cette semaine à laquelle on a envie de dire « Va chier dans la Meuse on verra ton cul » *(proverbe belge)*, je tente quelque chose d'un peu nouveau, une BIOGM. Une Bio à l'Humour Belgiquement Modifié.

Bonjour, chers invités ! *(Il regarde tout le monde.)* Alors attendez, qui est humoriste et qui est une blague parce que pour moi c'est pas clair là.

(À Mélenchon :) Vous, monsieur, je vous reconnais, vous êtes une vieille gloire du music-hall.

(À Juan Branco :) En revanche, vous, vous êtes une blague.

J'invite tout le monde à consulter votre biographie, vous êtes une bonne blague : vous n'avez que vingt-six ans et vous avez déjà vécu l'équivalent de toutes les aventures de Tintin + 2 Black et Mortimer donc cette existence est récusée en mairie.

À vingt-six ans, vous parlez cinq langues, vous avez le 06 de tous les chefs d'États, vous avez fait une thèse sur la justice internationale juste pour le plaisir, vous êtes activiste, écrivain, journaliste, globe-trotteur, conseiller ministériel, photographe. Par contre, vous êtes puceau.

Vous êtes pote avec Godard, Badiou, Chomsky, vous avez fait 20 fois le Festival de Cannes, et puis alors pas au Camping des Mimosas, et dans votre vie à vous, on peut dire : « Oh j'adore ce livre, ça ferait un bon film », et dans les vingt minutes Cronenberg est en jogging dans votre salon en train de fignoler le scénario !

Mais vous avez vingt-six ans ! On est tout petit à vingt-six ans normalement ! À vingt-six ans, on a encore la carte 12-25. Oui je sais c'est bizarre mais c'est vrai.

Jean-Luc Mélenchon, bonjour. Vous vous avez la Carte Senior + dont je ne divulguerai pas le numéro, pour pas qu'on vous pique vos points (je signale simplement que dans trente points vous aurez le droit à une réduction de 3,50 euros sur la formule croque-monsieur).

Mais ça nous empêche pas d'être heureux de vous recevoir, d'abord parce que vous passez bien à l'image. Et puis parce que, depuis les attentats, vous avez une parole apaisante, vous nous exhortez à un devoir d'amour et ça fait du bien. Par contre si on pouvait passer à l'acte APRÈS l'émission, ça me tranquilliserait. Parce que ça ne me dérange pas qu'on nous regarde, mais il y a un poil trop de lumière non ? Et puis on est content parce que vous êtes ce qu'on appelle un bon client, on vous a vu notamment dans Action ou vérité, ce jeu auquel on joue dans les cours de récrés entre sept et quatorze ans, et entre 22 heures et minuit à l'internat de Chalon-sur-Saône, dans un clair-obscur propice à l'égarement des corps qui… je suis en train de m'exciter devant Jean-Luc Mélenchon c'est pas normal ! Ce jeu qui rappelle donc de beaux souvenirs teintés de pudeur, vous, vous y avez joué en pleine lumière sur TF1 avec Alessandra Sublet à un niveau sonore qui fatalement va réveiller la pionne.

J'ai regardé l'émission, c'est bien ! Mais j'ai été déçu de voir que le moment où vous dégrafez le soutien-gorge d'Alessandra avec les dents a été coupé au montage, parce que je trouve que c'est une séquence dans laquelle vous faisiez preuve d'une fine analyse sur la situation des migrants à Calais.

En tout cas, vous deviez être content que l'animatrice soit Alessandra Sublet et pas Gilles Bouleau.

En parlant de Gilles Bouleau, ça me fait penser à Michel Sapin. Et à Georges Tron, mais je ne sais pas pourquoi... Michel Sapin donc qui a fait preuve de... *(Il réfléchit...)* qui a fait Flop, qui a fait preuve de Flop, en déclarant suite aux attentats que la Belgique payait peut-être le prix de sa naïveté.

Alors je ne suis pas belge et pourtant même moi je l'ai mal pris. Donc j'ai envie de lui répondre :

Monsieur Sapin, vous n'êtes pas ministre du Donnage de leçons sécuritaires administrées aux peuples adjacents ? Vous êtes ministre des Finances et des Comptes publics, donc vous financez et vous comptez le public, on vous remercie.

Suite aux attentats, la parole politique, quand elle n'est pas à côté de la plaque, comme susdite, semble reléguée au second plan au profit d'éditions spectacles, ou spéciales ? Comment dit-on ? Spéciales ! Conséquences, monsieur Mélenchon : vous êtes déprogrammé de *Des Paroles et des Actes*, vous êtes pujadé comme on dit dans le milieu, mais c'est pas tout vous êtes même déprogrammé de *N'oubliez pas les paroles*, *Super Nanny* et même de *Belle toute nue*, au profit de philosophes, d'écrivains, d'essayistes ou même d'humoristes comme Bernard-Henri Lévy.

Des déprogrammations en chaîne qui posent la question de la pertinence de la parole politique dans un temps troublé, et qui donnent effectivement le sentiment que le réconfort se trouve dans le rire ou pour ma part plutôt dans une couette au fond d'un bunker sur les îles Cook, avec une centaine d'Agatha Christie et des Dragibus. Et de ? La weed ? Je vous en supplie oui !

Alors face à cette crise du politique, et en solidarité avec la Belgique, un remaniement exceptionnel se prépare, puisque j'ai constitué un nouveau gouvernement français, qui a pour but de ramener un peu de joie, et de belgitude dans le cœur des Européens. Un gouvernement qui prendra ses fonctions quand je dirai « Jacques a dit » C'est parti. Mesdames Messieurs, en concertation avec ma bite et mon couteau, sont nommés, au sein du nouveau gouvernement français :

Benoît Poelvoorde, ministre de la Santé et de la Mousse de bière ;

Frank Michael, ministre de la Jeunesse et des Sports ;

Cécile de France, secrétaire d'État chargée des trucs et des bitognios (bon le poste est encore un peu flou mais elle sera très bien) ;

Arno, ministre de la Défonce ;

Bouli Lanners, ministre de la Poésie ;

Plastic Bertrand, ministre du Développement durable ;

Maureen Dor, ministre des Souvenirs entre 87 et 94 ;

Jean-Vincent Placé, secrétaire d'État en charge de Je-suis-français-mais-je-vous-en-supplie-laissez-moi-mon-poste-si-vous-voulez-je-prends-l'accent-belge ;

Maurane, ministre des Gros Câlins sur une grosse poitrine rassurante au son d'une grosse voix rauque qui donne envie de sucer son pouce ou tout autre membre de l'Union européenne excepté Louis Aliot ;

Et bien sûr Yolande Moreau est nommée Reine Toute-Puissante, Chef des Armées, Patronne Déesse Mère de Dieu dont le pouvoir exécutif s'exerce de comme elle veut jusqu'à où ça lui chante, avec possibilité d'abroger ainsi que de dissoudre absolument tout ce qui lui fait plaisir (Louis Aliot inclus).

Voilà ! On rigolera tout autant qu'avec le gouvernement actuel, mais pas jaune. Plutôt Noir Jaune Rouge.

Et, bien sûr, exit la Marseillaise et ses bataillons impurs, puisqu'un nouvel hymne fera son apparition, mis en musique par Annie Cordy, sur un texte de Jean-Claude Van Damme et interprété par Lara Fabian. Ce qui devrait nous permettre de lutter efficacement contre le terrorisme.

Alors, évidemment, j'ai oublié de le stipuler mais ça va de soi : François Hollande est licencié. Sans indemnité. Mais nous avons pris soin de lui faire parvenir son poids en Jeff de Bruges. Pâques est donc annulé cette année.

Voilà. Cette bio interdite a été écrite avec le concours de plusieurs litres de bière flamande et d'une plaquette d'anti-dépresseurs wallons, parce que comme il y a des moules avec et des moules sans (frites), comme il y a des gaufres avec et des gaufres sans (chantilly), il y a des semaines avec et des semaines sans.

Mais comme mon copain Jacques a dit :

« *Être désespéré, mais avec espérance.* »

3 avril 2016

Thomas Thévenoud,
député de Saône-et-Loire,
ancien secrétaire d'État
qui a popularisé la notion
de « phobie administrative »
Arnaud Vaillant et **Sébastien Meyer**,
directeurs artistiques de Courrèges,
qui ont popularisé la notion de
« Il est à 20 000 dollars ce sac »

J'ai une petite devinette : Danièle Évenou a une fille, comment l'appelle-t-elle ? Tomate. Tomate Évenou. Oh qu'est-ce qu'on rigole.

(Mal à l'aise)... Bon... heu... Monsieur Thévenoud. Il y a un certain nombre de formalités administratives à remplir pour venir dans cette émission, on vous a prévenu ou on n'a pas osé ? C'est fou ça, c'est toujours moi qui me colle le sale boulot.

Je vous rappelle que c'est moi qui ai dû annoncer à NKM qu'elle avait perdu la mairie de Paris. Et à Roselyne Bachelot qu'elle pétait tous les scores de son IMC.

Alors, monsieur Thévenoud, pour avoir droit à une bio interdite, il me faut l'original et deux photocopies de votre acte de naissance, les pages 4 et 8 de votre livret de famille, une copie recto-verso des 38 derniers bulletins de paye ainsi que le carnet de vaccination de votre épagneul. Si vous n'avez pas d'épagneul, je rappelle que vous avez deux mois pour vous en procurer un. Passé ce délai, votre dossier sera transféré à Stéphane Guillon et là je ne pourrai plus rien faire.

Voilà je vous laisse rassembler les pièces, pendant ce temps je m'occupe de ces messieurs.

Messieurs Meyer et Vaillant.

J'ai déjà expliqué dans cette émission ce qu'est un aptonyme. J'adore ça, c'est mon côté littéraire constipé. (Il y a des années un type très saoul m'a dit ça dans un bar à Saint-Étienne : « T'as vraiment une tronche de littéraire constipé. » Merci, enchanté.)

Un aptonyme c'est donc quand le nom de famille fait sens par rapport à la personne qui le porte. Par exemple Frédéric Bel ou Benjamin Millepied. Ou Édith Cresson, qui fut ministre de l'Agriculture. Ou le docteur Pipisale qui est urologue à Clermont-Ferrand.

Bref Arnaud Vaillant et Sébastien Meyer, vous êtes les directeurs aptonymes de la maison Courrèges.

André Courèges qui disait à l'époque « qu'il fallait inventer un vêtement moderne, dans lequel on entrerait comme dans une boîte ».

Mais le problème c'est que personne ne veut entrer dans une boîte. Du moins pas avant d'être décédé.

Donc moi je crois qu'il voulait plutôt dire : « Un vêtement dans lequel on entre comme dans un gant. » En même temps, personne n'a tellement envie de rentrer dans un gant non plus. Donc moi je crois qu'il faut revoir TOUTE la philosophie de cette maison, qui ne tient pas debout. En plus l'expression c'est pas « on y entre comme dans un gant » mais « ça vous VA comme un gant ». Je préfère de loin l'expression « on y entre comme dans du beurre » qui est moins couture, moins glam, moins Wintour, mais plus vrai. Sauf si le beurre est trop froid auquel cas c'est pas facile d'y rentrer, mais ça, c'est quelque chose dont on parlera peut-être plus volontiers avec des gens concernés par les problèmes du beurre. Par exemple Stéphane Le Foll. Ou Gérard Lenorman.

Bref, Courrèges créa ce vêtement dans lequel on entre comme dans du beurre pas trop frais : la mini-jupe, révolutionnant ainsi, davantage que la Mode, son époque.

Dignes héritiers du grand Homme, Sébastien, Arnaud, vous êtes des fonceurs, ça, c'est indiscutable, vous ne montez pas à Paris avec des petites ambitions de tafioles, comme on dit dans les milieux homophobes du sud de la France, en 2013 vous fondez votre propre marque Coperni.

« Créer sa propre marque est devenu un tremplin en France », explique Jean-Jacques Picart, consultant luxe. *(Il est circonspect.)* Picart, consultant luxe ? Non ! À mon avis la seule chose qu'il peut expliquer Jean-Jacques Picart, c'est comment réchauffer sa barquette au micro-ondes.

Bref, à vingt-cinq et vingt-six ans, vous vous retrouvez à la tête de la direction artistique de cette belle maison, ce qui est une véritable chance. Vous l'exprimez d'ailleurs très bien dans une interview pour *Vogue* en déclarant : « C'est Fat. » Alors je traduis pour la tranche de population qui a connu Jacqueline Joubert, les numéros de téléphone à 6 chiffres et Patricia Kaas en pleine gloire : « fat » c'est bien ! Enfin c'est plus que bien, c'est... c'est chanmé, ça pèse... c'est fat quoi, mettez-vous un peu à la page, les vioques, merde !

Arnaud, vous dites, « À terme, notre rêve, ce serait d'insérer de la technologie dans les mannequins. » Dans les vêtements, pardon ! Ah oui, c'est moins douloureux. « Trois manteaux existent déjà en version chauffante », explique Frédéric Torloting, co-président de Courrèges. Là, il y a un souci. Pas avec les manteaux, ça c'est vraiment une très belle idée en direction de la clientèle Sans Domicile Fixe (qui est vraiment le cœur de cible de la Maison Courrèges), non il y a un souci avec Torloting. C'est pas un nom de président ça, c'est un verbe irrégulier ! Donc, non seulement il vous faut revoir la philosophie de la maison, mais aussi son organigramme.

Vous faites vraiment du beau travail chez Courrèges, les garçons, mais c'est marrant parce que moi Courrèges ça ne m'évoque pas des vêtements... Autant Vuitton, Guerlain, Saint Laurent, Bernard Mabille, Dior, Valentino, Chanel oui... mais Courrèges, non. Ça fait légume. Beau légume. Mais légume !

Thomas, vous êtes bourguignon, comme Antoine Griezmann, comme Lamartine et comme moi. *(Il chante, sur l'air de la chanson des supports des Verts :)* Qui c'est les plus forts évidemment...

(Puis s'interrompt.) C'est les Verts, donc c'est pas nous.

Monsieur Thévenoud, alors, vous, vous êtes resté neuf jours au gouvernement. Vous êtes l'équivalent politique de Delphine du Loft. Qui est resté trois jours. Thévenoud puis t'es Repartou quoi.

Neuf jours en tant que secrétaire d'État au commerce extérieur. Soit 777 600 secondes soit 902 016 battements de cœur, 270 000 clignements d'œil et 194 400 photocopies recto-verso ! Donc tout de même vous n'avez pas chômé !

Votre histoire, Thomas Thévenoud, elle n'est pas facile à conter, parce qu'il y a cette tuile de phobie administrative qui prend beaucoup de place et avec laquelle – je ne vais pas vous mentir –, on a un peu envie de plaisanter.

C'est pourtant très sérieux, vous souffrez d'une véritable phobie qui se manifeste d'une manière anxiogène et inédite puisque vous avez la phobie de gérer toute finance inférieure à 26 millions d'euros. Au-dessus ça va, ce sont des sommes qui vous tranquillisent. Mais en dessous, c'est la panique !

Une phobie que vos collègues du gouvernement connaissaient, mais qu'ils ont bien pensé à oublier pour pouvoir s'en souvenir trop tard... Une gymnastique un peu sournoise, mais diablement efficace !

Aujourd'hui vous êtes *back in business* et vous dites que n'avez qu'une certitude, c'est que votre cœur est à gauche. Oui merci, n'importe quelle aide-soignante pourra vous le confirmer ! Et alors puisque vous avez l'air de découvrir votre corps,

Thomas, attention j'ai un scoop : vos oreilles sont de chaque côté de votre visage ! Mais ça, vous le savez parce qu'elles ont beaucoup sifflé ces dernières années. Même Jean-Jacques Bourdin s'est permis de vous les tirer, ce qui de loin doit être le plus traumatisant ! D'ailleurs, ceci est un message pour le Trésor public : communiquez là-dessus ! Si les gens savent qu'après plusieurs relances et pénalités, l'ultime sanction c'est de se faire crier dessus par Jean-Jacques Bourdin, je vous jure qu'ils vont payer dans le temps !

Bon dimanche.

10 avril 2016

Michel Field, catcheuses professionnelles **Pauline Laout**, **Eva Summers** et **Morgane Leigh**, journaliste et nouveau directeur de l'info à France TV (… ou l'inverse)

Alors j'ai pas compris, vous êtes toutes catcheuses ou quelqu'un est Michel Field ?

Cher Michel Field, par honnêteté, il faut d'abord que je vous dise que, pendant des années, je vous ai complètement confondu avec Eddy Mitchell. Et encore aujourd'hui, si vous fredonneriez *Couleur Menthe à l'eau*, je ne serais pas fondamentalement étonné…

Eddy Mitchell Field, vous êtes né le 17 juillet 1954 à Saint-Saturnin-lès-Apt, une commune bâtie sur un site de rupture de pente, au point de contact entre les confins septentrionaux des terrains agricoles de la vallée du Calavon et les premiers contreforts des monts du

Vaucluse, et selon mes recherches vous n'y êtes pour rien.

En revanche la désertion du hameau de Travignon à quelques kilomètres vous est clairement imputable !

Vous naissez Michel Feldschuh, du nom de votre papa autrichien. Votre papa qui sent bien pendant la Seconde Guerre mondiale qu'un nom autrichien n'est pas son meilleur atout, et qui dans un premier temps se fait appeler François Feldman. Mais à l'époque ça n'est pas un atout non plus. Il finit donc par choisir Field, un nom qui vous permet plus facilement de trouver les titres de vos émissions. Parce que c'est pas avec « Feldschuh dans ta chambre » ou « Au Feldschuh de la nuit » que vous auriez gagné des 7 d'or.

De vous enfant, on lit : « Sportif, à douze ans, il est sacré champion de pétanque junior du Vaucluse. » Et je ne manquerai pas de vous fournir la source de cette déclaration, de façon à ce que vous en molestiez l'auteur, parce que c'est facile de se moquer.

Michel vous n'êtes pas gynéco, pourtant vous n'avez pas peur des grands écarts puisque votre parcours va de militant trotskiste (trotskiste pour info c'est être très très très à gauche et avoir plein de cheveux frisés) à camarade de Patrick Buisson (Patrick Buisson pour info c'est être très très très à droite et n'avoir plus beaucoup de cheveux) en passant par trublion chez Dechavanne

(Dechavanne pour info c'est être très très très très speed et avoir Patrice Carmouze).

Tout ça en étant agrégé de philosophie (ce qui là consiste plutôt à avoir mauvaise haleine et plein de pellicule sur une veste en tweed).

Seul symbole commun de ces univers trotsko-carmouzo-philosophiques, c'est bien sûr la pipe dont vous êtes, je crois, un fervent amateur.

Après *Politiquement Show* et *Historiquement Show*, vous produirez d'ailleurs bientôt l'émission *Peep-Show* sur France 3-Franche-Comté ainsi que *Tu sens comme je suis Show*, une émission sur la fièvre animée par Michel Cymes.

Depuis *Ciel, mon mardi*, tel un petit furet cathodique vous êtes passé un peu partout, sur toutes les chaînes, à toutes les heures, dans tous les styles et dans tous les slips et récemment vous avez quitté TF1 pour devenir Patron de France 5.

Vous dites à l'époque que « la méthadone de ce nouveau travail » vous a empêché de ressentir le manque de vos anciennes activités. De la méthadone… Il y a donc de la drogue dure sur France 5… Alors je comprends mieux l'émission *Silence ça pousse !* En fait, ils sont défoncés tous les deux !

C'est donc pour vous éviter une fin à la *Breaking Bad* que vous quittez la direction de France 5 pour la direction de l'info de France Télévisions.

On dit çà et là que celui que vous remplacez, Pascal Golomer (qui n'est autre que le fils de Golum et de Noël Mamère), ne donne pas satisfaction. On lui reprocherait notamment d'être responsable de l'absence de Marine Le Pen à *Des paroles et des actes*. C'est ça qu'on lui reproche ? C'est marrant parce que moi ça me donne plutôt envie de lui faire un gros câlin ! Ou un poulet au citron, qui est ma spécialité (comment je le fais c'est simple : je prends un canard, de l'orange, et là je me demande si je confonds pas avec le canard à l'orange).

Et alors là mon Fildar, votre arrivée à la direction de l'info de France TV fait du grabuge. Mais vous êtes entouré dans cette tâche par Germain Dagognet, qui n'est autre que le fils du bon roi Dagobert et d'un Petit Poney, et vous faites bien d'être épaulé parce que c'est une tâche difficile.

Vous avez déjà réussi à décoller – sans les abîmer – Guilaine Chenu et Françoise Joly de leurs sièges d'*Envoyé spécial*.

Un communiqué qui date de cette semaine stipule qu'elles se verront « désormais confier la conception et l'animation de grandes soirées événementielles et d'un nouveau rendez-vous affichant la volonté de la chaîne de développer les magazines et documentaires de société ». Donc sans langue de bois ça donne : « On sait plus quoi en foutre de Véronique et Davina ! »

Vous dirigez le chantier Info 2015, qui comme son nom l'indique est bien à la bourre, dont le grand projet est une chaîne tout-infos. Mais il semble qu'il y ait encore du boulot puisque vous n'avez même pas le titre définitif ! Visiblement ce serait « France Info ». Ils sont payés beaucoup les gens qui cherchent les titres ? Parce que ça a pas l'air dur !

Pauline, Eva, Morgan, alors je ne vais pas vous faire de blagues, pas par peur mais par… si, par peur ! Par peur de me manger un ciseau de tête, un monkey flip, un cross-body, ou même une petite pichenette sur le téton je ne supporterais pas, je suis hyper douillet.

Je vais plutôt parler de votre discipline. Le catch c'est quoi : c'est des cagoules à paillettes, des corps saillants enduits d'huile, des fuseaux turquoise fendus à l'aine et des contacts brutaux. Et là je tressaille parce que je ne fais plus du tout la différence avec du porno gay.

Roland Barthes comparait plutôt le catch à un spectacle de théâtre. Ce qui ne vous empêche pas de vous donner des vrais coups. Ennemies sur le ring, vous êtes amies dans la vie ! Ce qui doit provoquer des dialogues savoureux :

« Salut ma biche ça va ? Dis donc désolée pour hier.

— Quoi ?

— Quand je me suis assise sur ton front.

— Tu plaisantes, c'est le boulot, tu recommences quand tu veux ! »

Le catch féminin est arrivé en 1930 ! Une petite quinzaine d'années avant le droit de vote des femmes. Une chronologie qui donne envie de s'interroger : est-ce que c'est pas plus efficace de savoir faire une bonne clef de bras à François Hollande que de pouvoir voter pour lui ? C'est une question à laquelle on répondra quand vous viendrez dîner.

Je vous ferai du canard à l'orange, comment je le fais ? C'est très simple : je prends du poulet, du citron et…

Bon dimanche !

17 avril 2016

Florian Philippot,
vice-président du Front National
Eugénie Bastié, journaliste et essayiste
Sarah Lavoine, décoratrice d'intérieur

Confidence de l'auteur : À la suite de cette émission, le restaurant Filipo & Co a cherché par tous les moyens à me joindre pour m'inviter à dîner ! Eugénie et Florian, eux, ne m'ont invité à rien en revanche.

Ali, vous connaissez ce jeu popularisé par Pierre Palmade et qui s'appelle : « Tu préfères à vie » ? Je vous donne un exemple : Tu préfères, à vie, avoir une côte de bœuf coincée entre les molaires, ou à vie ta mère c'est Jean-Pierre Elkabbach ?

Vous avez compris le principe, on fait une partie !

Tu préfères boire un bol de glaires tous les matins ou faire la bio de Florian Philippot ?

Tu préfères découvrir qu'Eugénie Bastié est une jeune journaliste réactionnaire ou continuer de penser qu'Eugénie Bastié est un livre de Balzac que tu as fait semblant de lire pour le bac français ?

Ou tu préfères à vie plonger dans les yeux de Sarah Lavoine pour y trouver un peu de réconfort ?

Sarah, vous êtes née Sarah Poniatowski et pourtant vous n'êtes pas une gymnaste yougoslave. Ce qui vous épargne de l'arthrose, des justaucorps un peu datés et d'être harcelée par votre voisin de plateau (F. Philippot) pour vérifier que vous ne dépassez pas les 90 jours de circulation libre dans l'Espace Schengen.

Sarah Lavoine, vous décorez des intérieurs. Et dans l'émission d'aujourd'hui, mon Dieu que c'est apaisant… D'ailleurs si vous avez 10 minutes pour redécorer l'intérieur des autres invités parce que je crois qu'il faut aérer un peu là…

Et donc si j'ai bien compris Sarah Lavoine, vous êtes la femme de Pascal Obispo ? Ah non, de Marc Lavoine ! Regardez-moi, ouvrez grand. Ah oui effectivement… vous avez les yeux revolver (et un début de conjonctivite, mais c'est moins grave). Les yeux revolvers c'est infiniment classe mais au quotidien c'est pénible. Il faut un permis, c'est très réglementé. Surtout pendant l'état d'urgence : chaque fois que vous clignez de l'œil il faut le déclarer je crois, c'est ça ?

Alors on pourrait croire qu'être l'épouse de Marc Lavoine, ça ouvre des portes. Et c'est vrai, ça vous a permis de vous faire une belle clientèle. On sait par exemple que vous avez redécoré les intérieurs de la totalité des Enfoirés !

Et c'est la preuve de votre grande adaptabilité parce qu'évidemment on imagine bien qu'entre chez Yannick Noah et chez Mimie Mathy, on n'est pas DU TOUT sur les mêmes mesures de têtes de lit.

Et là c'est le moment où l'on se demande si cette blague est nanophobe, mais on se tourne vers Eugénie Bastié qui nous assure sur tous les plateaux TV que les phobies ne sont qu'une mode et n'existent pas vraiment. Ouf, nous voilà rassurés.

Eugénie Bastié, vous n'êtes donc pas le titre d'un roman d'Honoré de Balzac et je ne vous cache pas qu'à la lecture de vos déclarations, j'aurais préféré que vous soyez une grosse fiction.

Vous dites beaucoup de choses, notamment « informer les gens pour informer les gens ça n'a pas d'intérêt ». Et c'est curieux parce que moi je trouve qu'informer les gens ça a quand même l'intérêt… d'informer les gens. Mais je suis peut-être un petit peu stupide. Vous dites aussi que les féministes se contredisent quand elles revendiquent l'avortement comme un choix inaliénable des femmes de disposer de leurs corps alors qu'elles rejettent la prostitution.

Alors certaines féministes oui sans doute mais moi qui ne suis ni prostituée ni enceinte – encore que j'ai quand même un sacré retard de règles –, je vous trouve assez généralisante.

J'ai moi-même une très bonne amie féministe qui est pro-avortement et pro-choix pour les prostituées. En revanche elle n'est pas super convaincue par votre concept de « privilège de la maternité », elle se demande, je cite, si c'est vraiment un privilège de se faire éclater le vagin par un futur ado qui vous traitera de connasse. Et si c'est vraiment une joie de rééduquer son périnée à vie sans pour autant refaire un jour l'amour ou pipi normalement.

Florian. Florian, je suis embêté parce que quand on me dit Philippot je ne pense pas au numéro 2 du Front National... d'abord parce que ça ne me vient pas naturellement de penser à vous, je m'en excuse... Et ensuite parce qu'il paraît que trop penser au Front National réduit l'espérance de vie, au même titre que manger du beurre de cacahuètes à tous les repas ou traverser l'autoroute les yeux bandés. C'est les statistiques.

Non, quand on me dit Philippot, je pense à Filipo & Co, un bar club lounge de Livry-Gargan qui propose une carte variée de plats français et italiens dans une ambiance bon enfant. Et vous, j'ai vérifié, vous ne proposez pas d'ambiance bonne enfant.

Et comme j'ai un grand-oncle qui affectionne tout particulièrement ce restaurant, j'ai décidé de changer votre nom de façon à ce qu'il n'y ait pas de malentendu.

Je vous propose soit Florian Philipine qui met l'accent sur votre amour... de l'Asie.

Sinon j'ai Florian Philipipeau qui évoque à la fois la musique et la teneur des discours du Front National.

Florian Philipal aussi, après tout on n'est pas obligé de vous mettre au pluriel, un exemplaire par pays suffit largement.

Ou Florian Philipetti, qui vous octroie la chance inouïe d'avoir des rapports intimes avec Arnaud Montebourg.

Vous n'êtes pas obligé de choisir tout de suite votre nouveau nom, d'autant que j'ai une devinette pour vous :

Quand j'ai appris que vous étiez l'invité du *Supplément* et que par voie de conséquence il faudrait que je fasse votre biographie, quelle fut ma réaction ?

a) J'ai sauté de joie ?

b) J'ai sauté de joie, mais à pieds joints dans la Seine ?

c) J'ai sauté de joie mais à pieds joints dans la seine en ayant pris soin au préalable d'attacher mes pieds à une charge lourde ?

d) J'ai porté plainte contre X ?

e) J'ai feulé ?

f) J'ai embauché une demi-douzaine de professionnels de la santé afin de constituer autour de moi une cellule psychologique compétente et permanente ?

g) J'ai bu. Énormément. D'alcool fort. Puis toutes mes bouteilles de parfum, comme dans les films ?

h) J'ai fait la sourde oreille et j'ai préparé la bio de Laurence Boccolini qui m'est curieusement beaucoup plus sympathique ?

i) Je suis allé faire du sport pour la première fois de ma vie. Pour me défouler ?

j) J'ai écrit un essai intitulé « De la difficulté à se pencher sur la vie de Florian Philippot un jour de printemps » ?

k) J'ai entamé des procédures pour changer d'identité et faire disparaître toute trace de Vincent Dedienne ?

l) J'ai bossé et voilà ce que j'ai pondu :

Florian, après des études à HEC vous vous cherchez politiquement. Vous soutenez tout d'abord début 2000 la candidature à la présidentielle de Jean-Pierre Chevènement, la petite personne grise chevelue qui déclarait des choses comme : « Il faut ré-industrialiser le pays » ou « Parlez plus fort mon vieux j'entends rien ! »

Vous êtes donc un micro-temps chevènementiste avant d'être déçu de la réaction des militants à l'arrivée de Jean-Marie Le Pen au second tour. Second tour auquel vous avouez avoir déposé dans l'urne un bulletin blanc sur lequel vous griffonnez : « Non à l'Euro. » Ça, c'est la version officielle, en off on murmure que vous auriez écrit : « Oui à Patrick Swayze » !

Quatre ans plus tard, en 2005, vous assistez même à un meeting de Mélenchon ! Et il le sait ça, Mélenchon ? Sinon il faut absolument lui annoncer en plusieurs temps, parce que ça peut lui fusiller sa pré-retraite.

Et, début 2009, c'est LA rencontre : Marine Le Pen. Vous parlez d'un « coup de foudre amical et professionnel ». Alors je vous invite à vous reporter à l'article « les dangers du coup de foudre » du *Psychologie Magazine* de mai 2015 qui met en garde contre la déification du partenaire.

Marine qui en ce moment s'exprime peu mais voyage beaucoup. Elle est récemment allée au Canada mais ça n'a pas fait mouche puisque aucune personnalité canadienne n'a souhaité la rencontrer. Enfin aucune sauf Luka Rocco Magnotta, le dépeceur de Montréal qui, depuis le centre pénitencier où il purge une peine à perpétuité, aurait déclaré : « Moi je veux bien la rencontrer Mme Le Pen mais il faut me la pré-découper parce que je n'ai plus le matériel. »

Votre actualité, Florian, quelle est-elle, à part de me faire passer un moment pénible ?

Eh bien c'est la conquête du pouvoir suprême dans laquelle vous êtes lancée, Marine Le Pen en tête, avec un nouveau slogan : « La France apaisée. » Au début j'avais cru entendre « La France à Béziers » et je m'étais dit : « Mais oui c'est une bonne idée ça, ils n'ont qu'à faire leur France à Béziers, et nous, on fait la nôtre de notre côté. »

Sur la suppression du mariage pour les gens de même sexe, vous déclarez que « l'abrogation du mariage pour tous est un sujet aussi intéressant que la culture du bonsaï ». Et je me réjouis de voir qu'au Front National vous avez tout compris. Je suis d'accord, c'est la même chose. En effet chaque bonsaï a des besoins différents. Mais, le seul point commun de toutes les plantes de cette espèce est qu'elles nécessitent toutes beaucoup d'attention et beaucoup d'amour.

24 avril 2016

Alain Juppé, candidat à la primaire de la droite et du centre

Bonjour, monsieur le président de la République… *(Il s'interrompt.)* Non, c'est la chronique de l'an proch… *(Il s'interrompt encore.)* De l'an dernier, pardon ! Oui parce que l'année dernière on avait fait une émission en direct, avec le président de la République, Monsieur… ah son nom m'échappe… Françoise Hardy !

Vous, vous n'êtes pas président, la route est longue encore Monsieur Juppé. Enfin la route est longue… surtout derrière, parce que vous avez déjà un sacré parcours. C'est bien simple vous êtes dans ma vie depuis toujours. Comme Derrick et mes problèmes de peau.

Enfin, je dis la route est longue, mais si d'aucuns pensent que vous serez le prochain président de la République, d'autres pensent que les Français ont quand même un peu de mémoire. Revenons donc quelques années en arrière.

Quand j'étais petit, je me rappelle qu'à la maison on vous appelait « Le Snake ». J'ai pas retrouvé de qui ça venait ni pourquoi, ce n'était peut-être qu'une lubie de mes parents mais comme c'était dans ma vie concomitant avec des visionnages répétés du *Livre de la jungle,* je vous ai fusionné dans ma tête avec Kaa le serpent qui persifle de lui faire confiance ! J'ai donc une sorte de persistance mémorielle comme ça qui n'est pas forcément à votre avantage. Et aujourd'hui c'est très troublant pour moi de vous voir en vrai : j'ai à la fois envie de vous capturer et de vous enrouler autour d'un gros bâton, c'est compliqué…

Monsieur Juppé, vous êtes né le jour de votre anniversaire, le 15 août 1945, ce qui laisse clairement supposer que votre code pin est 1508.

Enfant, vous ne vouliez pas être pompier, surfeur, ou ingénieur des eaux usées, non, votre rêve c'était d'être Pape. Alors pour vous approcher de votre rêve, vous vous faisiez appeler Alain Ier et vous tripotiez vos petits camarades. Mais quand vous avez compris que pour devenir Pape, il fallait être vieux et chauve, vous avez abandonné ce rêve et vous vous êtes tourné vers la politique, où les gens sont plutôt… vieux… et… chauves, donc on ne comprend pas bien votre parcours !

Adolescent vous écriviez des poèmes dans un petit journal associatif, j'en ai retrouvé un, que je vais vous lire en exclusivité.

Tu es si belle que ça me rebelle
Ton regard si doux m'amadoue
Ta peau si lisse glisse
Pour toi j'irai jusqu'aux Amériques

Je serai président de la République
Et je vais tous les fumer.

Après des études brillantes, vous prenez une année sabbatique qui vous permet de réaliser un autre de vos rêves.

(Apparaît alors une photo d'Alain Juppé et Jacques Chirac il y a quelques années, en blouse blanche et petite coiffe d'infirmiers.)

Ouvrir une boucherie chevaline avec votre premier mari.

Vous décidez ensuite de vous lancer en politique. Vous dites : « Il y avait en moi une attente de reconnaissance, la volonté de jouer un rôle, bref ce qu'on pourrait appeler une ambition. » On dirait une interview de Judith Godrèche dans *Femme actuelle*.

En 1976, c'est les trois coups : de bol, de fil et de foudre. On vous appelle pour travailler avec Jacques Chirac. C'est à ses côtés que vous écrirez une belle partie de votre histoire politique. En effet, M. Chirac et vous êtes très liés depuis longtemps. Professionnellement mais aussi personnellement. Vous dites qu'il lui arrivait même d'avoir votre maman au téléphone pour « comploter contre vous ». On m'a fait parvenir un extrait d'une de leur conversation :

« Votre mère : Ah, vous aussi, monsieur le Président, vous le trouvez trop maigre !

Monsieur Chirac : Mais oui, madame Juppé, il faut qu'Alain s'arrondisse, au physique comme au mental ! Bon… et sinon… t'es habillée comment ? »

Malheureusement j'ai renversé mon café sur la suite de la conversation, mais je crois qu'elle ne vous concernait plus.

Au sein des différents gouvernements, vous fûtes Miniss' délégué au Budget, Miniss' des Affaires étrangères, Miniss' de l'Écologie, Miniss' de la Défense, Mini-Miss et deux fois Premier Miniss', mais jamais Alain… Térieur.

En 1995, Enzo Enzo chante *Juste quelqu'un de bien*, mais ça n'a rien à voir avec vous. Non, vous vous devenez maire de Bordeaux, Bordeaux dont vous êtes – semble-t-il – régent à vie ! Bordeaux et vous, c'est Orphée et Eurydice, Tristan et Yseult, Bataille et Fontaine, Émile et image, enfin c'est toi et moi dans le même bermuda, c'est l'amour-mour-mour.

Mais la même année, c'est un coup dur-dur-dur, l'affaire de « l'appartement parisien », comme on l'appelle, et qui a marqué tous les Français. Je rappelle de quoi il s'agit : vous avez loué un appartement et lors de l'état des lieux de sortie, vous n'avez pas indiqué que vous aviez cassé la petite loupiote de la hotte, ce qui a rendu furax le proprio et les Français.

Et puis rebelote en 1999 l'affaire des « emplois fictifs », qui vous vaudra une condamnation du même nom.

Ce qui ne sera pas fictif en revanche c'est votre traversée du désert, que vous ferez en raquettes et en doudoune, au Canada.

C'est ce qu'on appelle la Méthode Canada Dry, on arrive tout mouillé par des affaires, et on ressort tout sec, plus blanc que blanc, en tout cas plus blanc que sur cette photo

(Photo d'Alain Juppé plus jeune, en short, excessivement bronzé et poilu.)

Une photo qui, vous n'êtes pas sans savoir, sert de référentiel dans les centres d'épilation laser.

Alors est-ce que c'est vrai que quand on arrive au Canada on est reçu par Roch Voisine et un gros pancake qui parle ou c'est des clichés ?

Aujourd'hui, pour la présidentielle, vous jupétez de nouveau les scores et cette popularité agace fort dans votre camp. Nicolas Sarkozy vous décrit comme un « grand pin sec et dégarni des Landes ».

Tandis qu'en off vous déclarez : « Quand je serai à l'Élysée, j'appellerai mon chien Nico. »

Je rappelle que vous vous affrontez aux primaires, pas à la maternelle !

Aujourd'hui on assiste à une véritable Juppémania, vous caracolez dans les sondages, normal puisque les Français réclament un renouveau du personnel politique français. Il y a donc quelque chose d'illogique dans cette phrase, mais quoi ? Ça doit être le verbe « caracoler » qui ne s'emploie que dans les hippodromes.

Même si vous êtes bien placé dans cette primaire – mieux que Jacques Myard le député-maire de Maisons-Laffitte qui est candidat à la primaire républicaine et qui ferait mieux de commencer par se créer une page Facebook parce qu'on a quand même jamais entendu parler de lui – vous souffrez quand même d'une image un peu froide, contre laquelle votre équipe lance un étonnant jeu concours intitulé « Juppé et moi », dans lequel vous demandez à chacun de relater un bon souvenir lié à vous. Michel G. évoque par exemple un Bordeaux-Paris à vos côtés pendant lequel vous lui auriez débloqué son niveau 145 de Candy Crush. Pauline M. quant à elle est quasi sûre de vous avoir vu promener un chien sur les bords de la Garonne, un soir d'hiver. Elle parle d'une silhouette élastique et détendue, qui va chercher la baballe avec entrain.

Et Vincent D. parle lui d'une rencontre un dimanche à 14 h 20 sur un plateau de télévision, et d'un regard si doux qu'il l'amadoue, d'une peau si lisse qu'elle glisse, et d'un homme qui sera président de la République, et qui va tous nous fumer. Bon dimanche.

8 mai 2016

Noël Mamère, maire de Bègles
et député de Gironde
David Metaxas, avocat sulfureux
Thomas Dek, **Mike Donohue**
et **Eugénie Mai-Thé**, brasseurs

Confidence de l'auteur : c'était amusant de faire la bio de David Metaxas parce que – et je ne m'en suis pas rendu compte tout de suite – mon amie Judith qui est comédienne à Lyon a longtemps eu, punaisée sur les murs de ses w.-c., une carte de vœux, sur laquelle on voyait deux jeunes avocats assis sur leur bureau dans des poses archi-hollywoodiennes. Judith l'avait accrochée dans ses toilettes parce qu'elle trouvait la photo légèrement grotesque... David Metaxas était l'un des deux avocats.

J'ai pensé lui dire pendant la bio « Vous m'avez regardé faire pipi plein de fois », et puis finalement non !

Bonjour ! Alors, monsieur Metaxas, je suis désolé c'est vous qui avez la plus petite. De bio interdite ! Parce que je trouve qu'il faut freiner un peu cette soif des médias qui vous habite. Parce que vous avez la plus grosse. De soif !

D'ailleurs en un seul clic sur Internet on connaît toute votre vie. Tout y est, vos conversations téléphoniques, vos amis, vos amours, vos emmerdes. Il nous manque seulement deux infos : Est-ce que vous avez des intolérances alimentaires ? Et est-ce que vous êtes coupables des faits qui vous sont reprochés ? Bon vous me direz en coulisses, parce que j'ai peur qu'on nous écoute ! Et c'est quand même hyper secret les intolérances alimentaires…

Après avoir été élevé entre un père « aux impôts » et une mère « aux douanes » (donc je traduis : après une enfance glauque), vous devenez avocat. À vous entendre, vous avez bûché sur les plus grandes affaires : la défense de Lee Harvey Oswald c'est vous, O. J. Simpson c'est vous, Bonnie and Clyde c'est vous, Dreyfus, c'est qui ? C'est vous ! Toute la bande à Bonnot c'est vous, la Bande à Basile pendant qu'on y est c'est vous aussi : si la chenille part toujours à l'heure c'est quand même grâce à vous !

Vous êtes si puissant, David, que vos anciens clients vous surnomment le « zob du barreau ». Tandis que vous préférez vous définir plus humblement comme « l'énorme zob du barreau qui s'attribue toutes les grosses affaires pour continuer à faire grossir son gros zob ».

Et, aujourd'hui, si j'ai bien suivi, vous êtes en procès et on ne sait pas si vous allez rester du bon côté des barreaux. Comme quoi les cordonniers sont les plus mal chaussés, les coiffeurs les plus mal coiffés et les avocats les plus mal barrés. Y a un jeu de mots, je te le cache pas. #onsedittuma-gueule !

David, vous aimez la fête, la nuit et les brigands, et vous l'assumez. Vous dites : « Je suis comme Françoise Sagan. » C'est pas faux, puisque vous avez écrit un livre et que vous avez les cheveux en quinconce, mais moi je rajouterai quand même : « Je suis comme Françoise Sagan… en pas pareil du tout » qui me semble plus juste. Cela dit, vous avez le charme sulfureux des personnages de ses romans, un certain sourire et des bleus à l'âme.

Alors Thomas Dek, Mike Donohue et Eugénie Mai-Thé, vous êtes brasseurs ! Et vous nous apprenez plein de choses sur cette boisson – la bière – dont personnellement je n'avais jamais entendu parler avant de bosser votre bio. Oui parce que, quand je dois biographer mes invités, j'ai la fâcheuse tendance à m'investir à fond, donc avant-hier j'ai descendu une douzaine de pintes et j'ai fini sous la table (qui elle-même a fini sous moi, donc je ne sais pas très bien comment je me suis débrouillé). Résultat : une gueule de bois extrême, qui m'a fait écrire des trucs pas gentils. C'est totalement injuste parce que vous m'avez l'air bien sympatoche, c'est vrai que quand on vous voit on a envie de boire des bières dans des festoches et de se pisser sur les pieds, mais c'est comme ça, la vie est injuste. Enfin je suis injuste. Je suis la vie par conséquent, ce qui est quand même la bonne nouvelle de cette bio.

I am the life.

Thomas, Mike, donc « Thomike » parce qu'on n'a plus de temps à perdre, vous n'avez pas fait l'école ensemble, et c'est dommage parce que quand on dit Deck et Donohue on imagine aisément deux petits sacripants au fond de la classe : Deck et Donohue vous me copierez 100 fois : « J'arrête de brasser de la bière au fond de la classe. Et je n'affine pas mon fromage en cours d'anglais ! »

Mais vous ne vous rencontrez qu'en 2002 à Georgetown, Washington DC.

(Circonspect :) Mouais, ça sent les types qui se sont rencontrés sur un quai de RER à Jouy-en-Josas et qui n'assument pas...

Thomas vous racontez : « Mike brassait déjà en petite quantité, moi, j'ai commencé à fabriquer de la bière dans ma cuisine et ma salle de bains. » Votre coloc de l'époque témoigne : « C'était affreux. L'appart daubait le vieux punk et ce malade m'obligeait à goûter tous ses essais. J'avais plus de vie sociale, je pissais douze heures par jour. »

En 2013, vous ouvrez votre atelier et ensemble vous souhaitez donner une nouvelle image de la bière dont on parle dites-vous « trop souvent comme d'une boisson fadasse qui fait roter devant un match ». C'est vrai que c'est HYPER réducteur ! Elle fait roter aussi devant un film, à un concert ou en terrasse ! C'est une boisson fadasse qui fait roter partout moi je trouve !

Moi, mon père dit souvent que la bière est une langue commune à tous les peuples... Bon il dit aussi qu'on arrête le hoquet en faisant caca dans un arrosoir, donc il n'est pas toujours très pointu dans ses analyses.

Les femmes s'intéressent de plus en plus à la bière : en 2014 elles étaient 63% à déclarer ne jamais en boire contre 59% en 2015. Une nette hausse qui me semble-t-il correspond à l'entrée au gouvernement de Myriam El Khomri.

Eugénie, vous aussi votre truc c'est la brasse. Vous dites : « J'aime beaucoup la fermentation. » Et vous le dites dès le premier rencard, ça ?

Cette passion des gaz contenus vous l'avez dès toute petite ! J'ai lu qu'après avoir ramassé du houblon sur les bords de Marne, vous vous précipitez acheter des cuves en Inox. Une source proche de vous déclare : « C'était pas facile vous savez. Déjà enfant, quand on lui offrait une poupée elle l'enduisait de bave pour vérifier l'effet du PH sur le plastique. Les cuves, ça a été le coup de grâce. J'ai peur pour elle, j'ai peur qu'elle soit isolée. Honnêtement j'aurais préféré qu'elle soit lesbienne. Ou même fan de Carole Rousseau, j'aurais mieux géré. »

Vous dites aussi : « Les femmes veulent juste consommer de la bonne mousse… »

(Atterré :) Mais à quel moment on va m'avouer que c'est un bizutage de la prod cette bio ?

Bon cela dit vous avez tellement raison ! Faut arrêter avec ces trucs de mecs ou de filles, c'est n'importe quoi, on est pareil : on veut tous bien vivre et – comme vous dites – consommer de la bonne mousse, de la bonne bouffe, de la bonne coke et une bonne bite. *(Soudain paniqué, il demande :)* j'ai dit toute la phrase à voix haute ? Je vous en supplie dites-moi que je me suis arrêté à bouffe !

Et alors donc, tous les trois, vous faites de la bière. Et donc ? Ben je ne sais pas, il y a autre chose quand même j'imagine ? On n'est pas invité sur Canal + juste parce qu'on tient un bar ! C'est n'importe quoi cette émission ! On a qu'à inviter Noël Mamère tant qu'on y est.

(Il s'aperçoit que Noël Mamère est là.)

Eh oui, c'est pour ça que le nom m'est venu. Effectivement je me souviens qu'avant ma cuite, je vous ai aussi biographé. Ouf ! Je dis ouf parce que si j'avais dû improviser, je n'aurais pas été capable de faire autre chose que des blagues sur votre nom et, mon dieu, ça aurait été lourd.

Alors Noël Maman, bonjour.

Noël, bon ben évidemment vous êtes né le 25 décembre. C'est même pas une blague. Enfin si, c'est une blague, mais pas de moi, de vos parents !

Votre maman voulait d'ailleurs vous appeler Pascal, mais le problème c'est que la Saint-Pascal c'est le 17 mai, et ça lui aurait fait une gestation de 14 mois, et ça bien sûr vous le comprendrez, Noël, la Nature ne peut pas se le permettre. Pour les dromadaires oui, pas pour les Noël Mamère. Sinon ça fermente. Vous confirmez, Eugénie ?

Je me dois de vous le dire tout net, Noël, j'ai une sympathie EXTRÊME pour vous, sans doute très imputable au fait que vous êtes le sosie parfait de mon médecin de famille, docteur Jean-Maurice Dailly, un homme délicat qui m'a enlevé une verrue plantaire à huit ans, et qui ne m'a jamais fait mal en me faisant mes vaccins. Et que j'aime bien quand il m'appuie sur la langue avec son petit bâtonnet en bois de glace Miko… Mais c'est pas le sujet, effectivement.

Cela dit si vous pouviez quand même jeter un œil par là… *(Il enlève sa chemise :)* j'ai une petite tâche, on dirait de l'eczéma.

Vous me rappelez mon enfance, vous êtes né le 25 décembre, vous vous appelez Noël et vous avez une tête débonnaire… Dans le doute je tiens donc à vous dire que j'ai été très très sage toute l'année et que j'ai cassé mon iPhone 6.

Noël vous n'avez jamais cessé de changer de métier. Agriculteur, chanteur, journaliste puis homme politique. C'est-à-dire exactement le chemin inverse de Roselyne Bachelot ! Si si, elle a fait de la politique !

Depuis 1989, vous êtes maire de Bègles, commune dans laquelle en 2004 vous mariez deux personnes du même sexe, un mariage très médiatique qui vous vaudra une sacrée notoriété et quelques lettres maculées de caca et anonymes, paraphées… enfin cacaphées, parafiantées, je ne connais pas le terme exact dans ces cas-là, des mystérieuses initiales F.R.I.G.I.D.E B.A.R.J.O.T.

On s'en souvient aussi, aux présidentielles de 2002, vous êtes candidat et vous réalisez un score historique pour les verts, puisque vous faites plus de 5 % !

(À Mike et Thomas :) Comme votre bière, Black et Mortimer ! Une élection qui – comme la bière aussi – nous vaudra une sacrée gueule de bois.

Et aujourd'hui vous pourriez repartir en campagne. Vous dites : « J'aime beaucoup la fermentation. » Ah non ! Ah mais c'est la famille brasseur qui me fout la pression. #bière #Kro #Kronique Mamère.

Je reprends : Au sujet de la prochaine présidentielle, vous dites : « Si on considère que j'ai les atouts et les qualités pour repartir, je pourrais le faire », tout en assurant ne pas vouloir « entrer en concurrence avec qui que ce soit ». Donc je ne suis pas sûr que vous ayez tout à fait compris le principe de la présidentielle.

C'est un peu comme faire le Paris-Dakar sans vouloir faire trop de poussière, ça ne tient pas debout.

De toute façon le problème Noël pour cette candidature, c'est que vous avez soixante-sept ans. C'est trop jeune pour être candidat.

22 mai 2016

Nadine Morano, candidate à la primaire de la droite et du centre **Claude Dumont Beghi**, avocate

Vidéo dans laquelle Nadine Morano dit qu'elle ne veut pas que Vincent Dedienne lui fasse sa bio interdite dans l'émission. Elle dit : « J'm'en fous » et « Va falloir que je supporte ça, j'ai pas envie, bon c'est tout. »

(Après avoir vu la vidéo, il est en pleurs :) Non mais c'est vrai que ça me fait triste, parce que moi vous êtes quelqu'un que j'apprécie beaucoup, vous m'avez beaucoup appris, je me suis toujours beaucoup reconnu en vous, vous m'avez élevé, vous m'avez transmis.

(Il se reprend subitement :) Ah non, je vous confonds avec mon père, pardon ! Tout va bien.

Et puis pour être honnête, je trouve que vous n'avez pas fondamentalement tort, le personnel politique n'est pas là pour que des humoristes s'en servent pour amuser la galerie… Vous le faites très bien sans nous.

Claude Dumont Beghi, vous être maître. Comme Yoda mais en moins verte. Et en plus grande. Et avec des cheveux mieux entretenus.

Alors de vous on ne sait pas grand-chose, sinon que – je vous cite : « Je ne supporte ni l'injustice, ni les systèmes corrompus. »

Sans doute une raison pour laquelle vous êtes devenue avocate. Parcours logique. Moi je ne supporte ni la violence ni les endives, du coup c'est vrai que je galère un peu à trouver un métier précis.

Chère Maître, alors je mentirais en disant que j'ai lu votre livre. Mais je vais quand même le faire : j'ai lu votre livre, sur cette affaire Wildenstein qui vous fit connaître, pas du grand public, mais des gens intéressées par les problèmes de riches. Des gens que j'ai par exemple envie d'appeler « des riches ».

Et, si j'ai bien compris, tout a commencé lorsque Sylvia Roth, la veuve du richissime marchand d'art Daniel Wildenstein, vous appelle pour la défendre.

Entre vous, d'emblée, le courant passe ; elle vous dira : « Je vous ai choisie comme je choisis mes pur-sang ! » Un aveu moins valorisant qu'il n'y paraît puisque pendant sept ans de collaboration vous êtes chaque matin brossée, ferrée et vermifugée.

Dans cette affaire Wildenstein donc vous êtes allée à la recherche de grands trésors picturaux,

Cézanne, Picasso, Le Caravage, dissimulés dans des paradis fiscaux.

Vous êtes donc une pirate. Si ! Partir à la recherche de trésors dans des paradis, c'est un peu la définition du pirate ! Or les pirates c'est comme les licornes et les sirènes, ça n'existe que pour les enfants. Donc c'est pourquoi je vous demanderais de quitter ce plateau sur-le-champ et de vous réorienter vers la chaîne Gulli où vous pourrez être interviewé par l'Âne Trotro.

Dans ce qui suit, c'est la voix de Nadine Morano (extraite de la vidéo du début) qu'on entend dire « Vincent Dedienne » et « J'm'en fous ».

Nadine Morano, vous êtes née à Nancy.

Une enfance assez difficile, chahutée par des camarades de classe un peu taquins, notamment un certain *Vincent Dedienne*.

Vous ferez des études de droit à l'Université *Vincent-Dedienne* de Nancy. Et c'est en découvrant Jacques Chirac que vous vous dirigez vers la politique. Vous direz : « Cet homme à l'élégance et l'esprit d'un *Vincent Dedienne* ! Il me plaît ! »

À l'époque votre professeur de droit, *Vincent Dedienne*, vous fait visiter l'Assemblée nationale. Devant les ors du palais Bourbon, vous déclarez : « *J'm'en fous*, un jour je serai députée. »

S'ensuivra toute une vie politique trépidante passée dans l'amour de *Vincent Dedienne* et de

Nicolas Sarkozy jusqu'à ce que ce dernier déclare à votre propos : « *J'm'en fous !* »

En 2009, ce sont toutefois les premiers signes de verglas, avec des premiers petits dérapageounets. Vous dites notamment : « Ce que je veux du musulman, c'est qu'il se sente français quand il est français. C'est qu'il aime la France quand il vit dans ce pays. C'est qu'il trouve un travail. C'est qu'il ne parle pas le verlan. Qu'il ne mette pas sa casquette à l'envers. »

Face à ces déclarations désarmantes, Allah lui-même serait descendu sur Terre pour déclarer : « Laissez-nous tranquille, madame. »

À propos de religion d'ailleurs, vous dites : « Je crois et je pratique, mais je ne me confesse pas, je préfère parler directement au Bon Dieu. »

Et d'ailleurs, à ce propos, Dieu me dit que ce qu'il veut de Nadine Morano c'est qu'elle arrête de croire en lui, parce que ça n'arrange pas du tout ses affaires. Et qu'elle prenne un congé sabbatique. À l'étranger. À vie.

En octobre 2012, vous créez Rassemblement pour le peuple de France le nom de votre micro-parti, avec lequel vous comptez recueillir des micro-dons pour financer votre micro-campagne et ainsi poursuivre cette micro-carrière d'envergure micro-nationale.

Aujourd'hui, votre actu, c'est que vous avez cinquante-deux ans. Si c'est une actu ! Parce que l'année dernière quand vous êtes venue vous en aviez cinquante et un. Donc ça a changé, et en peu de temps en plus. C'est bien.

Et puis aujourd'hui plus rien ne semble vous arrêter, à part peut-être *Vincent Dedienne*. En octobre dernier vous déclariez : « Ils ne réalisent pas quelle machine ils ont mise en marche. Les militants sont derrière moi. J'ai déjà reçu près de 10 000 courriers. J'ai même une lettre de Brigitte Bardot qui m'a trouvée très bonne et très claire chez Ruquier. »

Ah oui donc effectivement vous êtes quasiment élue quoi… un texto de Véronique Genest et vous finissez patronne du FMI !

Vous dites : « Je reçois beaucoup de messages de soutien, mais aussi des gens qui se proposent pour m'aider. »

Mais vous ne dites pas la fin de la phrase, coquine ! La fin de la phrase évidemment c'est « pour m'aider… à me réorienter professionnellement ».

Bref aujourd'hui, Nadine, vous êtes lancée dans la course à la primaire, et moi « *va falloir que je supporte ça, j'ai pas envie, bon c'est tout* ».

5 juin 2016

Benoît Hamon, député
des Yvelines et ancien ministre
Patricia Gucci,
héritière de la famille Gucci
Romain et **Yann Pissenem**,
organisateurs de fêtes à Ibiza
Geoffroy Lejeune, organisateur
de fêtes à *Valeurs actuelles*

Confidence de l'auteur : À la fin de cette Bio, les frères Pissenem m'ont invité à venir faire la fête chez eux à Ibiza. Je vous tiendrai bien sûr au courant, mais pour l'instant je n'y suis pas encore allé (et ne suis pas sûr d'y aller dans les 35 prochaines années…)

(Il hurle :) Bonsoir, Paris ! Est-ce que vous m'entendez ?

Je me demande si c'est pas un peu trop rock'n'roll comme début…

Bon ben je vois qu'on m'a encore collé une équipe entière de water-polo à biographer, donc on ne va pas traîner.

(À Patricia :) I say Patricia we have to go quickly because water-polo.

Alors Patricia Gucci, comment on le prononce votre nom ? À l'américaine ? Paatwiciaa Goutchaï ! À l'italienne ? Patllicia goutchi ! Ou à la française : Patoche La galoche ?

Patricia, vous êtes la petite dernière d'une grande marque de prestige. À ce titre, vous êtes très élégante et vous êtes pourvue de deux grandes anses rigides et d'un fermoir doré chic et discret. Seul bémol on ne peut décemment pas vous prendre en bandoulière.

Quant à votre bio, bon ben là elle est fo-folle puisqu'elle est pleine de passions, de trahison, de prison, et même de tueurs engagés pour assassiner des maris à la con.

Il y a des rebondissements, du fisc, du sexe, du suspens, au point que vous me faites toucher aux limites de mon exercice puisqu'il est quasiment impossible de vous biographer, c'est trop riche, dans tous les sens du terme.

Donc ceux que ça intéresse peuvent lire votre livre, et ceux que ça intéresse mais qui ne savent pas lire peuvent regarder les 44 saisons des *Feux de l'amour* puisque c'est peu ou prou la même chose, à savoir une grande saga d'hommes trop friqués mariés à des femmes trop coiffées qui se disputent un empire, assis dans des fauteuils clubs.

Messieurs !

Vous êtes donc les frères Pissenem et votre monde c'est celui de la nuit, de l'électronique-musique, de la teuf !... Donc on sort clairement de mon champ de compétences !

Non pas que je sois un type sinistre qui ne sort pas de chez lui et qui se détend en relisant Levinas, pas du tout ! J'aime bien faire la fête aussi, mais chez moi ça consiste plutôt à boire du rosé pamplemousse en chantant Sylvie Vartan dans des karaokés de moyennes agglomérations (néanmoins desservies).

Donc voyez, si un test ADN venait à prouver que je suis le troisième de la fratrie, je serais bien emmerdé.

J'ai lu que vous aviez dû vous séparer en 1993. Mais je ne comprends pas, vous étiez siamois ? Parce qu'avec quatre ans d'écart, c'est extrêmement rare !

Votre parcours rapidement : Vous êtes originaires de Meurthe-et-Moselle, comme Nadine Morano, donc évidemment on comprend que vous ayez eu envie de fuir le pays pour aller vous défoncer la tronche au soleil.

Yann, vous avez fait des études de droit.

Romain, vous êtes plus sérieux, puisque vous avez commencé par faire du théâtre, parce que je vous cite : « Ça a l'air amusant de faire ça. »

Et puis quand vous réalisez qu'en fait ce métier consiste principalement à faire des allers-retours incessants à Pôle emploi, pour donner une multitude de papiers obscurs afin de régulariser une situation précaire, vous remettez en question cette carrière. À ce moment-là, vous êtes au fond du trou, puisque vous jouez au Théâtre de la Cuvette.

Puis, quelques années plus tard, votre frère vous appelle pour le rejoindre à Ibiza, et aujourd'hui, vous révolutionnez ensemble le monde de la nuit avec des concepts jamais vus comme les soirées « Pools partys Ushuaïa ». Bon j'ai pas creusé, mais effectivement si vos concepts impliquent Nicolas Hulot en milieu humide et que les gens s'amusent quand même, alors oui, messieurs, c'est une révolution.

David Guetta dit d'ailleurs de vous : « Ils ont une influence mondiale… » Et il ajoute : « Par contre je sais plus de qui je parle, je suis défoncé. »

Yann vous dites : « Le nom de mes soirées Ushuaia vient d'une image que j'avais en tête : danser sous la Lune. » C'est beau.

Et Romain vous ajoutez : « Moi de mon côté je pense à des soirées Thalassa ! Cela vient d'une image que j'ai en tête : danser sous Georges Pernoud. » Ce qui implique donc de soulever Georges Pernoud. Ce qui implique un budget.

Geoffroy, souvenez-vous on s'est déjà rencontrés sur ce même plateau !

Je vous avais intitulé Godefroy Le Hardi et je crois qu'on était tombé d'accord sur le fait qu'on ne pouvait pas tomber d'accord sur grand-chose, vous et moi.

Vous venez d'être promu directeur de la rédaction de *Valeurs actuelles*, un hebdomadaire qui épate le monde journalistique par ses unes toujours apaisantes. D'ailleurs, en exclusivité, en voici les prochaines : « Les Roms responsables des crues de la Seine » ; dans deux semaines : « Les musulmans détiennent le Medef, le FMI, le Crazy-Horse, le Massachusetts et tous les parkings Vinci », et dans trois semaines : « Les migrants se nourrissent de carpaccios d'enfants français. »

Récemment, le journal a participé la tenue d'un colloque à Béziers avec Robert Ménard (et non Bernard Menez qui est sa quasi-contrepèterie). Robert Ménard qui pense qu'un espace politique existe au sein d'une droite libérale et identitaire.

Alors comme je suis sympa, j'ai vérifié auprès du cadastre : il a raison. Un espace politique existe pour Robert : c'est au large des îles Kerguelen, vous verrez il y a un petit îlot pas grand, mais y a de quoi mettre un bureau et trois chaises. Et en plus vous avez pied tout autour. De rien.

Benoît. Ah mon Benoît.

Vous êtes né dans le Finistère, d'où ce côté un petit peu méditerranéen !

En juin 1967, donc pile pour Noël.

Et vous êtes un homme politique français socialiste, c'est-à-dire que vous êtes de droi... de gau... je ne sais plus, j'ai perdu mes repères.

Vous êtes fan de rugby, et vous auriez pu embrasser une carrière militaire. À ce sujet, vous précisez toutefois : « Je ne suis pas adepte du boum-boum et du pan-pan. » Et moi à ce sujet je vous précise qu'on n'est pas con-con, faut arrêter de nous parler comme à des enfants de quatre ans.

Et aujourd'hui vous êtes avant tout frondeur ! Vous frondez un maximum !

Avec vos yeux bleus, votre esprit vivace et votre tempérament belliqueux, vous étiez à deux doigts de tenir le monde entre vos mains. Malheureusement, la vie est une chienne. Une chienne socialiste. Une chienne socialiste en costard sur mesure. La vie est Macron.

(Il répond à un téléphone imaginaire.)

Ah ! Allô ?

Oui, maman. Non, je n'ai pas fait de blague sur leur nom aux frères Pissenem. Parce que je trouve ça lourd, et puis on a dû leur en faire toute leur vie alors… Et puis, attends, tu sais que ça doit être EXTRÊMEMENT douloureux. Ah ben je te rappelle que le diamètre d'un nem c'est 2 cm et celui d'un urètre 0,6. Je te laisse faire la soustraction en termes de souffrance…

(Aux invités :) Excusez-moi, c'est ma mère…

Et puis ce serait vache parce qu'ils ne font pas qu'uriner des plats exotiques en famille, ils font aussi des super partys à Ibiza. Ben, j'espère qu'ils nous inviteront, c'est pour ça que je me suis bien gardé de faire des blagues sur leur nom…

(Il quitte le plateau petit à petit.)

Oui je suis en train de quitter le plateau là, discrètement, en crabe… Quoi ?

(Aux Frères Pissenem :) « Nem de crabe », elle est géniale !!!

19 juin 2016

Martin Schulz, président du Parlement européen
Patrick Kanner, ministre de la Ville, de la Jeunesse et des Sports

Monsieur Schulz. Alors sachez tout de go (comme on dit en Europe, notamment au Japon), que j'adorerais vous appeler Papa, en hommage à une série des années 60, mais je vais plutôt vous appeler monsieur Schulz, en hommage à votre état civil.

Papa, vous êtes né le 20 décembre 1955, à Fort Boyard. Non, c'est pas vrai du tout mais ça met un peu de fantaisie dans votre bio.

Avant de devenir un homme politique, vous n'avez fait aucune école, vous n'avez même pas votre bac mais vous avez un CAP métiers du cuir. Non, c'est pas vrai non plus mais c'est toujours pour rajouter cette fantaisie dont votre bio manque cruellement !

Ensuite, vous avez été joueur de foot, mais un jour votre genou se brise en même temps que votre rêve, vous sombrez dans l'alcool puis dans la dépression, et soudain j'ai le sentiment d'être Thierry Ardisson. *(Il prend la voix d'Ardisson :)* On va donc faire une interview « Caniveau ! »

Et puis rapidement vous soignez votre déprime dans, par et avec les livres, que vous dévorerez avant de les régurgiter, pour les classer, les étiqueter et les vendre dans une librairie que vous tiendrez jusqu'à votre élection de député européen en 1994, et soudain j'ai le sentiment d'être Guillaume Durand, on va donc faire une interview… que personne ne regardera.

En janvier 2012, le Danemark devient Champion d'Europe de handball face à… *(Il interroge le ministre des Sports.)* Monsieur Kanner ? (*Et ne lui laisse pas le temps de répondre.)* La Serbie (le mec ne bosse pas ses dossiers)… et vous devenez président du Parlement européen. Alors… coïncidence ? Oui !

Président du Parlement européen, ça veut dire quoi ? En gros, en très gros, ça veut dire que vous savez situer la Lettonie sur une carte.

En moins gros ça veut dire que vous êtes allemand, que vous travaillez en Belgique, que vous parlez français et que vous êtes furieux contre les Anglais qui quatre cents ans après s'être demandé : *To be or not to be ?*, sont désormais agités par la question *to brexit or not to brexit ?*

Aujourd'hui, vous êtes tel un amoureux sur le point d'être éconduit par sa petite copine anglaise et je crois que ça touche tous les Français qui ont un jour traversé la Manche pour un voyage scolaire.

Bonjour, monsieur le ministre. Alors je suis au regret – pas de te dire que je m'en vais car tu m'en as trop fait, puisqu'on ne se connaît que depuis sept secondes – mais de vous dire qu'il y a trop d'imprécisions dans votre biographie. C'est pas clair. Vous êtes ministre de la Ville, mais on ne sait pas de laquelle. Ministre de la Jeunesse, ça, c'est pareil, on ne sait pas quand elle s'arrête. Par exemple moi, suis-je jeune ? Je précise que mon actrice préférée, c'est Colette Brosset... Alors est-ce que vous êtes mon ministre ?

Et puis ministre des Sports, c'est pareil vous pourriez dire desquels.

Sachez que je suis bien gentil de vous faire une bio, parce qu'on ne sait pas sur quel pied danser avec vous.

Et en même temps elle est con cette expression. Parce que généralement on danse sur deux pieds, sinon ça ne s'appelle pas danser, ça s'appelle sauter à cloche-pied, le saut à cloche-pied n'étant d'ailleurs pas reconnu comme un sport national, la FFSCP, la Fédération Française de Saut à Cloche-Pied, vous a déjà – ce me semble – adressé plusieurs courriers, monsieur le Ministre, auxquels vous n'avez pas daigné répondre, prouvant par là que tous les sports ne trouvent pas grâce à vos yeux. Et Bim !

Retour sur votre parcours à présent : Vous êtes né le même jour que Daniel Day-Lewis (classe !), mais au même endroit que Bruno Masure...

Vous grandissez dans l'un des quartiers les plus pauvres de Lille, qu'avant même de savoir parler, vous surnommez déjà Molenbeek.

Ado, vous êtes un rebelle, un révolté, un insoumis : jeans sombres, cols roulés noirs et cheveux longs jusqu'aux épaules… *(Il le dévisage :)* Ouais, c'est pas facile de se l'imaginer !

En 74, vous collez dans votre lycée des affiches de campagne de Mitterrand alors que c'est interdit ! Rebeeeeelle ! Il paraît que la même année vous avez dit à votre prof d'histoire qu'on lui voyait l'étiquette de sa chemise et même un jour vous n'avez pas composté votre titre de transport. Vous êtes le Che.

Vous dites : « Sans jamais avoir jeté de cocktail Molotov sur qui que ce soit, j'étais dans la contestation. » Et donc effectivement de la contestation au Parti socialiste, il n'y a qu'un pas… qu'on franchit avec des bottes de sept ou huit lieues, mais qu'un pas quand même.

Pour justifier votre encartement au PS alors que vous vous revendiquiez anarchiste, vous dites : « Si l'on veut changer la vie des gens, il faut faire des affaires » et en off vous ajoutez : « Et puis c'est quand même le meilleur moyen d'acheter un T2 sur Paris. »

Vous faites ensuite des études de droit, vous dites : « J'ai d'excellents souvenirs de mes cours sur la démocratie athénienne. » Et ça, je ne parviens pas à déterminer si c'est une forme de coming out ou pas…

En 1979, vous faites vos débuts au cinéma, aux côtés de Meryl Streep dans *Kanner contre Kanner*, un très joli film pour lequel vous serez nommé conseiller municipal de Lille.

Ce sont alors vos débuts dans la politique : cantonales, municipales… cantonales.

En 1989, vous êtes élu sur la liste de Pierre Mauroy. Vous dites : « Il m'appelait vif argent. Encore aujourd'hui, je garde cette image d'élu éternellement jeune. » Ce à quoi les Français répondent majoritairement : « Bof. »

Et, aujourd'hui, vous voilà donc ministre des Sports.

Vous dites : « Le sport, c'est un enjeu considérable pour la santé, pour notre économie, pour la cohésion nationale, pour la transmission de valeurs citoyennes. Mais le sport est aussi un élément de puissance diplomatique. »

« Mais ça peut faire devenir un petit peu con et ça fait puer des pieds. » Ça, c'est moi qui le rajoute !

Récemment vous avez eu une petite altercation avec M. Ibrahimović, vous avez déclaré : « Je ne sais pas si j'ai fait peur à Zlatan. » Eh bien, je vous propose de mener une réflexion critique grâce à un petit support photographique : alors là c'est vous *(Photo de lui.)* Vous vous reconnaissez ? Super, c'est donc que les fonctions cognitives sont bonnes ! Et là c'est Zlatan *(photo de Zlatan Ibrahimović, hurlant sur le terrain, les poings serrés, relativement terrifiant)*.

Donc la réponse est sans appel : Non, monsieur, vous ne lui avez pas fait peur à Zlatan.

Les seules mammifères qui peuvent faire peur à Zlatan sont le gorille des montagnes et Vladimir Poutine.

Ministre des Sports, actuellement, ça consiste quand même surtout à être ministre du Foot et à rester zen face à cet Euro 2016 sur lequel vous vous exprimez beaucoup. Il faut dire que c'est un petit peu votre heure de gloire parce que, bizarrement, on vous a moins entendu sur la coupe de France d'accrobranche féminin.

Vous dites : « Les Bleus sont capables de former un groupe très soudé. » Tout à fait ! Et, selon mes sources, ils sont aussi capables de réciter l'alphabet en rotant et de faire des tournois de Chat-bite dans le bus, donc on a effectivement toutes nos chances.

Et puis bien sûr, en marge de cet Euro, il y a les manifestations contre la loi Travail qui vous agacent.

Vous dénoncez les blocages et actions notamment de la CGT comme une « guérilla syndicale ». Et tous les otages des Farcs vous remercient de cette comparaison réaliste.

Vous demandez d'ailleurs aux manifestants de ne pas « gâcher la fête » et c'est vrai que c'est pénible ça. Moi je vois j'ai fêté mon anniversaire récemment dans un bar lounge, et il y a un clochard qui est venu nous demander des pièces, le mec a pété l'ambiance… aucun respect !

Et enfin, monsieur Kanner, comment ne pas le dire, vous êtes chionosphérophile. C'est pas un secret, vous le dites vous êtes chionosphérophile. Cela signifie que vous aimez, collectionnez et possédez plus de 700 boules à neige. 700 boules ! Alors, je n'ai pas de blague à ce sujet, car comme dit ma mère : « Je sais pas s'il faut rire ou pleurer. »

Au sujet de vos boules, vous dites : « Plus c'est moche et plus ça me plaît » et je ne peux donc que vous engager à faire prochainement un shopping chez Desigual.

Face aux angoisses liées à la possibilité d'attentats terroristes pendant l'Euro vous citez Confucius : « Il faut se préparer au pire, espérer le mieux et prendre ce qui vient. » Une citation qui fonctionne aussi en cas de plan cul.

Bon dimanche.

26 juin 2016

La toute dernière

Bruno Le Maire, candidat
à la primaire de la droite et du centre
et outsider sans cravate
Teddy Pellerin et **Marwa Ghaddab**,
fondateur et utilisatrice de Heetch
(application mobile de transport social)

Confidence de l'auteur : Celle-ci, c'était donc la toute dernière, l'ultime bio interdite, après deux saisons. Une atmosphère évidemment particulière régnait sur le plateau et dans les coulisses.

Les regards étaient émus, les rires un peu exagérés. Mélange de fête et de funérailles, où la nostalgie, tapie en embuscade, prête à bondir, attend son heure.

Pauvre Bruno Le Maire, qui sentait bien qu'il n'était pas vraiment le sujet du jour…

Mesdames, messieurs, chers téléspectateurs, Ali chéri, Karen Cheryl, amis du public, très chers collègues, mesdames et messieurs les ministres, Dieu, toi le frère que je n'ai jamais eu, toi mon amour mon ami, toi toi mon tout mon toi, mon asticot en l'air j'irai m'asseoir par terre (qu'est-ce que je raconte ?).

C'est le dernier *Supplément*... Alors, évidemment, c'est émouvant, c'est un évènement, c'est unique, c'est la fête... c'est pourquoi nous recevons Bruno Le Maire !

Bon alors Bruno, pardonnez-moi mais je vais être obligé d'être très rapide, parce que je suis bientôt en vacances, et... de ce fait... heu... *(Il le dit tout bas :)* ça m'emmerde.

Bruno le Maire, vous avez quarante-sept ans comme tout le monde, vous êtes né à Neuilly-sur-Seine comme tout le monde, et vous êtes candidat à la primaire de la droite... comme tout le monde ! Sauf que vous, vous avez la chtouille ! Non, c'est pas vrai, mais ça vous singularise donc – un conseil – ne crachez pas dessus !

Alors évidemment la question que tout le monde se pose c'est : « Que devient Philippe Risoli ? »

Et là je m'aperçois que ça n'a aucun rapport avec vous Bruno, donc je reformule :

La question que tout le monde se pose est « Bruno Le Maire, l'outsider, a-t-il une chance de remporter la primaire ? » Et la réponse est : Absolument. Bruno Le Maire a même toutes les chances de remporter la présidentielle !

(À Ali, à voix basse :) J'en pense pas un traître mot évidemment, mais ça lui fait tellement plaisir.

Au sujet de cette primaire, vous déclarez : « Si je suis face à Juppé, les sarkozystes ne voteront pas pour lui, si je suis face à Sarkozy, les juppéistes ne voteront pas pour lui. » Mais qui vote pour vous du coup, c'est ça que j'ai pas compris ?

Vous déclarez : « Juppé est un sursis. Moi, je suis un sursaut. » Très belle punchline, Bruno, mais ce qu'on ignore, c'est que ça n'est qu'un extrait d'un long slam que vous avez composé et dont je vais vous lire un passage en exclu :

« Juppé est un sursis, moi j'suis un sursaut.
Il a des gros sourcils moi j'ai des soubresauts.
Quand j'ai des soucis j'pense à ce sombre sot.
J'vais le saigner, car les Français ont besoin de renouveler le personnel politique, yo. »

Bruno, vous n'êtes pas qu'un homme politique, vous êtes aussi un brillant écrivain, on vient de le voir. Vous avez d'ailleurs écrit un roman qui a reçu de très élogieuses critiques. Un roman que j'aurais adoré lire mais malheureusement je n'ai pas eu envie.

Vous déclarez : « Je ne me vois ni comme un renard, ni comme un milan, mais comme un petit rat qui ronge le filet dans lequel le lion s'est empêtré, et le lion, c'est la France. »

(Mine atterrée :) Donc, faut vous reposer je pense Bruno, parce que là on sent que vous prenez des mots un peu au pif, que vous les mettez dans le désordre en vous disant : « Oh ça va bien faire sens », or non, ça n'a pas plus de sens que si je dis :

« Je ne suis ni la cigogne, ni le fleuve ambigu qui s'achève sur ton épaule, et cette épaule c'est Courchevel. » Faut respecter la langue…

Vous dites aussi, et là c'est plus clair : « Je ne serai pas là pour infliger une purge aux Français. » Et c'est très gentil à vous. Mais je ne vous cache pas que pour être sûr je vais quand même poser une petite main courante.

Un ami dit de vous : « Bruno, comme son père, ce sont des types qui, en maillot de bain, ont l'air de porter la cravate. »

Et je laisse exprès un petit temps pour que chacun puisse bien savourer l'image, car elle vaut son pesant de… *(Il cherche le mot :)* ben de cacahouètes finalement.

Teddy Pellerin et Marwa Ghaddab vous travaillez pour Heetch. Et il est sympa, Will Smith ?

(Cette blague, de la famille des « Blagues de merde », apparaît généralement en fin d'année. Elle se caractérise par une baisse significative de la qualité de l'humour.)

Alors Heetch, c'est quoi ? Ce n'est pas une brioche de Hotche.

(Cette blague est malheureusement de la même famille que la précédente.)

Plus sérieusement, Heetch, ça vient de l'anglais « Heetch hicking », qui signifie « Faire du stop ». En fait, Heetch c'est faire du stop en 2016. C'est-à-dire qu'avant c'était compliqué puisqu'il fallait lever son pouce au bord d'une route, et une voiture t'emmenait gratuitement à destination. Alors que maintenant, une fois de plus la technologie nous simplifie la vie puisqu'il suffit simplement d'avoir un smartphone, de télécharger une application, de se créer un profil ainsi qu'un avatar, d'entrer son adresse dans le champ situé dans la partie inférieure de l'écran, et, après avoir géolocalisé un conducteur qui a lui-même été sélectionné suite à un dépôt de dossier et un entretien en face à face au siège social de l'entreprise, on se manifeste virtuellement, et on attend qu'une voiture nous récupère moyennant rétribution financière !... On a quand même le chic pour se simplifier la vie, de nos jours !

Votre règlement est très sécurisé, Teddy, par exemple tolérance zéro concernant l'alcool et la drogue. L'évaluation sur ce point est très stricte puisque votre téléphone affiche la question : « Avez-vous consommé de l'alcool ou toute autre substance illicite ? » Ce à quoi il faut répondre OUI ou NON. Donc, c'est drôlement sécur !

Voilà. C'était la dernière bio de l'année, la dernière bio de la vie ! Bien sûr c'est triste mais comme disait mon grand-père : « Oh bon ben oui ! »

Avec mes copines et coauteurs Mélanie Le Moine, Anaïs Harté et Juliette Chaigneau, ça fait deux ans qu'on écrit des bêtises sur environ quatre-vingts vies différentes. Des vies sérieuses, loufoques, puissantes, émouvantes, ratées, italiennes, courageuses, communes, trépidantes, étriquées, qui partent en couille ou à Porto-Vecchio pour les vacances...

Des vies que je bidouillais, que je trafiquais sur mes fichiers Word, sans m'apercevoir du tout que c'était la mienne qui était en train de changer…

Merci à Maïtena Biraben, dont j'ai tété le sein pendant un an, avant de mordiller celui d'Ali.

Merci Christelle Graillot, merci Martha, merci Christine, merci Laurent, merci l'équipe de rêve. Merci Alexandra, Aurélia, Valentine, Raphaëlle, Jérôme, Bertrand, Marc, Julien, Azzedine.

Vous m'avez dépucelé de la télévision. J'en garde un souvenir ému et une chlamydia tenace. Nous sommes une famille. Qui se touche, mais une famille quand même.

Merci. J'ai bien aimé.

Table

Prologue.. 15

14 septembre 2014. Najat Vallaud-Belkacem, ministre de l'Éducation nationale.......... 19

28 septembre 2014. Christian Estrosi, homme politique français et ancien champion de moto.. 23

5 octobre 2014. Louis Aliot, vice-président du Front National.................................... 27

2 novembre 2014. Eva Joly, députée européenne................................ 31

9 novembre 2014. Nadine Morano, députée européenne... 35

30 novembre 2014. Bernard Cazeneuve, ministre de l'Intérieur.............................. 39

14 décembre 2014. Michel Rocard, ancien Premier ministre.................................... 43

21 décembre 2014. Karl Lagerfeld, couturier, styliste et designer 47

28 décembre 2014 51

11 janvier 2015. Daniel Cohn-Bendit, journaliste et député européen 55

11 janvier 2015. Daniel Cohn-Bendit (2)....... 61

18 janvier 2015. Frédéric Mitterrand, ancien ministre de la Culture................. 65

25 janvier 2015. Bernard Kouchner, médecin et homme politique français 69

1er février 2015. Michel Sapin, ministre des Finances et des Comptes publics 73

15 février 2015. Jérôme Lavrilleux, directeur-adjoint de la campagne présidentielle de Nicolas Sarkozy en 2012 et fusible dans l'affaire Bygmalion ; Hervé Falciani, ex-informaticien de la banque HSBC, lanceur d'alerte 77

22 février 2015. Jean-Christophe Cambadélis, premier secrétaire du Parti socialiste, ex-vice-président du Parti socialiste Européen, ex-conseiller de Paris et ex de Charlotte de Turckheim............ 81

8 mars 2015. Rémy Pflimlin, ex-président de France Télévisions 87

15 mars 2015. François Bayrou, homme politique français, patron du Modem..... 91

5 avril 2015. Anne Hidalgo, maire de Paris ... 95

19 avril 2015. François Hollande, président de la République 99

19 avril 2015. François Hollande (2)............ 105

26 avril 2015. François Fillon, candidat à la primaire de la droite et du centre.... 109

17 mai 2015. Christiane Taubira, future ex-ministre de la Justice et future épouse de Vincent Dedienne.............................. 113

31 mai 2015. Pierre Gattaz, patron du MEDEF 119

7 juin 2015 et *20 mars 2016*. Nathalie Kosciusko-Morizet, candidate à la primaire de la droite et du centre.... 123

14 juin 2015. Emmanuelle Cosse, secrétaire nationale d'Europe Écologie-Les Verts (devenue ensuite ministre du Logement) 129

13 septembre 2015. David Rachline, maire FN de Fréjus ; Jean-François Piège, grand chef cuisinier ; Maud Fontenoy, navigatrice et femme politique................................ 133

27 septembre 2015. Catherine Barma, productrice de télévision ; Julien Bayou, porte-parole d'Europe Écologie-Les Verts ; Daniel et Emmanuel Leconte, réalisateurs.. 139

11 octobre 2015. Claude Bartolone, candidat aux Régionales d'Île-de-France ; Frédéric Mazella, fondateur de BlaBlaCar ; Gilles Boyer, bras droit d'Alain Juppé ; Geoffroy Lejeune, rédacteur en chef de *Valeurs actuelles* *145*

25 octobre 2015. Laurent Fabius, ministre des Affaires étrangères 151

13 novembre 2015. Emmanuel Macron, ministre de l'Économie 155

22 novembre 2015. Le théâtre est vivant....... 161

6 décembre 2015. Mohammed Chirani, spécialiste de l'islam et de la radicalisation ; Philippe Ségalat, courtier en art contemporain ; Bernard-Henri Lévy, philosophe et écrivain 167

20 décembre 2015. Pierre Bergé, homme difficile à qualifier en quelques lignes.... 175

Nicolas Sarkozy, ancien petit président de la République 179

Juliette Gréco, chanteuse.............................. 181

17 janvier 2016. Rachida Dati, femme politique française, ancienne ministre de la Justice.. 187

24 janvier 2016. Najat Vallaud-Belkacem, toujours ministre de l'Éducation nationale ; Jérémy Ferrari, humoriste ; Nicolas Ghesquière, directeur artistique de la maison Vuitton 191

31 janvier 2016. Jean-François Copé, candidat à la primaire de la droite et du centre. Homme neuf, qui a changé. Et qui le dit sur toutes les chaînes ; Alain Weill, homme d'affaires français, actionnaire de BFM ; Éric Ripert, chef cuisinier, patron du Bernardin à New York 197

7 février 2016. Caroline De Haas, Elliot Lepers et Arnauld Champremier-Trigano, militants et activistes de gauche ; Xavier de Moulins, journaliste, animateur et romancier français ; Mathilde Daudet, écrivaine 205

14 février 2016. Nicolas Bay, secrétaire général du Front National et député français au Parlement européen ; Gilles Clavreul, délégué anti-raciste ; Nicolas Ferrary, P.-D.G. d'Airbnb ; Fary, humoriste 211

21 février 2016. Julien Lepers, poseur de questions ; Robin Rivaton, jeune économiste ; Ségolène Royal, partie avant la fin de l'émission 217

28 février 2016. Guillaume Peltier, porte-parole des républicains ; Matthieu Delormeau, animateur TV, producteur et chroniqueur-souffre-douleur chez Cyril Hanouna ; Peter Thiel, entrepreneur américain, fondateur de PayPal 223

6 mars 2016. Iris Apfel, styliste et icône de la mode ; Bruno Julliard, icône de la mode aussi mais moins 229

13 mars 2016. Benjamin Lucas, président du Mouvement des jeunes socialistes ; William Martinet, président de l'Union nationale des étudiants de France ; Laurence Parisot, ex-patronne du Medef ; Benjamin Pech, danseur étoile fraîchement retraité ... 233

20 mars 2016. Alexandre Mars, fondateur d'Epic (charity business)........................ 241

27 mars 2016. Juan Branco, conseiller juridique de Julian Assange ; Jean-Luc Mélenchon, homme politique français ; Pe, Talip et Dave Parcœur, humoristes belges.................................. 245

3 avril 2016. Thomas Thévenoud, député de Saône-et-Loire, ancien secrétaire d'État qui a popularisé la notion de « phobie administrative » ; Arnaud Vaillant et Sébastien Meyer, directeurs artistiques de Courrèges, qui ont popularisé la notion de « Il est à 20 000 dollars ce sac »......... 253

10 avril 2016. Michel Field, catcheuses professionnelles ; Pauline Laout, Eva Summers et Morgane Leigh, journaliste et nouveau directeur de l'info à France TV (... ou l'inverse)................. 259

17 avril 2016. Florian Philippot, vice-président du Front National ; Eugénie Bastié, journaliste et essayiste Sarah Lavoine, décoratrice d'intérieur... 265

24 avril 2016. Alain Juppé, candidat à la primaire de la droite et du centre.... 273

8 mai 2016. Noël Mamère, maire de Bègles et député de Gironde ; David Metaxas, avocat sulfureux ; Thomas Dek, Mike Donohue et Eugénie Mai-Thé, brasseurs.. 279

22 mai 2016. Nadine Morano, candidate à la primaire de la droite et du centre Claude Dumont Beghi, avocate 287

5 juin 2016. Benoît Hamon, député des Yvelines et ancien ministre ; Patricia Gucci, héritière de la famille Gucci ; Romain et Yann Pissenem, organisateurs de fêtes à Ibiza ; Geoffroy Lejeune, organisateur de fêtes à *Valeurs actuelles* 293

19 juin 2016. Martin Schulz, président du Parlement européen : Patrick Kanner, ministre de la Ville, de la Jeunesse et des Sports 299

26 juin 2016. Bruno Le Maire, candidat à la primaire de la droite et du centre et outsider sans cravate ; Teddy Pellerin et Marwa Ghaddab, fondateur et utilisatrice de Heetch (application mobile de transport social) 307

12009

Composition
PCA

Achevé d'imprimer en Slovaquie
par NOVOPRINT SLK
le 8 décembre 2017

Dépôt légal janvier 2018
EAN 9782290151679
L21EPLN002272N001

ÉDITIONS J'AI LU
87, quai Panhard-et-Levassor, 75013 Paris

Diffusion France et étranger : Flammarion